W0238996

stil textil

stil textil

Mit ausgefallenen Stoffen wohnen

Caroline Clifton-Mogg
Fotos von Andrew Wood

Aus dem Englischen von
Alexandra Brehme
und Eva Plorin

Gerstenberg Verlag

Für Handsome Billie

Die Deutsche Bibliothek – CIP-Einheitsaufnahme
Ein Titeldatensatz für diese Publikation ist bei
Der Deutschen Bibliothek erhältlich.

Aus dem Englischen übersetzt von Alexandra Brehme und Eva Plorin

Die Originalausgabe erschien 2000 unter dem Titel *Textile Style*
bei Jacqui Small – Aurum Press Ltd., London.
Text Copyright © 2000 Caroline Clifton-Mogg
Illustrationen, Design und Layout Copyright © 2000 Jacqui Small
Alle Rechte vorbehalten

Deutsche Ausgabe Copyright © 2001 Gerstenberg Verlag, Hildesheim
Alle deutschen Rechte vorbehalten
Satz: Fotosatz Ressemann, Hochstadt
Printed and bound in China
ISBN 3-8067-2878-X

Inhalt

Einführung

In seinem aufschlussreichen Buch über Interieurs des 17. Jahrhunderts in England, Frankreich und Holland beschreibt Peter Thornton die Pflichten eines mittelalterlichen *fourrier*. Als Mitglied eines aristokratischen Haushaltes oblagen dem *fourrier* beispielsweise üppige, luxuriöse Inszenierungen für zeremonielle und festliche Anlässe, die ein fester Bestandteil des höfischen Lebens waren. Er verwendete hierfür Textilien wie Wandbehänge, Vorhänge, Teppiche, Bettdraperien, Stuhlpolster oder Baldachine und verwandelte kahle, eher trostlose Säle in prachtvolle Interieurs. Selbst wenn nicht jeder sein Heim zum Schauplatz regelmäßiger feudaler Gesellschaften machen möchte und kann, ist es interessant zu erfahren, dass man bereits vor fünfhundert Jahren auf Textilien zurückgriff, wenn es galt, einem Raum – wie ungastlich er auch auf den ersten Blick erscheinen mochte – im Handumdrehen ein neues Gesicht zu verleihen.

Rechts oben: In diesem romantischen amerikanischen Schlafzimmer wurde ein schlichtes Bett direkt unter ein Fenster geschoben und durch einen Leinenvorhang vom übrigen Raum abgetrennt. Ein europäischer Häkelfries aus dem frühen 18. Jahrhundert hängt von der Decke herab.

Links: Unterschiedliche Kissen verleihen dem samtbezogenen viktorianischen Sofa Frische und Lebendigkeit. Der Schaffellbezug diente ursprünglich als Kinderwagendecke. Die Bezüge der kleinen Kissen in der Mitte wurden aus südfranzösischen Bettüberwürfen gefertigt. Die Sitzfläche bedeckt ein gestreifter *hemdira*, ein traditioneller Schal aus Marokko.

Thornton fährt fort mit den Gestaltungsmöglichkeiten, die ein *fourrier* für das Drapieren seiner Stoffe und Wandteppiche nutzte: So konnte er einen weitläufigen Saal mit einigen Stoffbahnen als Raumteiler auflockern, oder er drapierte einen Baldachin, unter dem beispielsweise der adlige Gastgeber sitzen konnte. Auch ist denkbar, dass er die meist unbehandelte Holzoberfläche des Büfetts oder der Anrichte mit einem Überwurf kaschierte, um so das erlesene Tafelsilber des Haushaltes besser zur Geltung zu bringen. Außerdem wird er es verstanden haben, der Dame des Hauses ein Refugium einzurichten – ein Schlafgemach in einem Alkoven, dessen steinerne Fenstersitze vielleicht mit behaglichen Kissen und Decken ausgepolstert wurden.

Die Idee, schmückende Textilien für reizvolle Raumgestaltungen zu nutzen, ist also keineswegs neu. Allerdings ist es nicht immer einfach, vorhandene Stoffe wirkungsvoll einzusetzen. Hierfür Anregungen zu geben ist Ziel dieses Buches. Es ist nicht nötig, Textilfunde wie Kunstwerke zur Schau zu stellen und zu verehren, wie passionierte Sammlerinnen und Sammler es tun, aber für ein ausgefallenes, empfindliches Stück kann das die richtige Lösung sein. Hauptsächlich wird sich dieses Buch jedoch mit weniger musealen Materialien befassen, mit Zufallsfunden und Gelegenheitskäufen und damit, wie man diese in eine Einrichtung integriert. Es sollen keine vorgefertigten Konzepte, sondern vielmehr Denkanstöße und Inspirationen gegeben sowie Freude am Experimentieren mit dekorativen Textilien vermittelt werden.

Im Grunde lässt sich der Ansatz dieses Buches mit einem einzigen Stück purpur-weißen Baumwollstoffes illustrieren, das heute ein Kissen auf dem Sofa von Christophe Gollut schmückt (S. 160). Doch bevor der Designer bei einem Urlaub in Gambia darauf aufmerksam wurde, benutzte ein Autowäscher es zum Polieren von Windschutzscheiben. Die Karriere dieses Stoffes ist ein Beweis dafür, dass mit etwas Fantasie aus einem einfachen Lappen ein Schmuckstück werden kann!

Besonderer Charme wohnt Textilien inne, denen man ansieht, dass sie handgefertigt sind, ob bestickt, handgewebt oder handbemalt. Seit der Mensch Textilien herstellt – und es ist belegt, dass schon in der Steinzeit Pflanzenfasern verwebt wurden –, verspürt er auch das Bedürfnis, sie zu verzieren und zu verschönern. Stoffe gelten seither als vollendeter Ausdruck dekorativer Kunst und verdienen mehr als nur einen flüchtigen Blick: Das Streben nach Schönheit, das selbst in den Farben, Mustern oder Webarten sehr schlichter Gewebe zum Ausdruck kommt, ist faszinierend.

Ob alt oder neu, ob orientalisch oder westlich, Textilien im Raum ziehen immer den Blick auf sich und sorgen für Atmosphäre. Jedes Stück ist einzigartig und kann in Verbindung mit anderen einem Zimmer eine

ganz eigene Prägung verleihen. Die inspirierende Vielfalt von Textilien wirkt sich direkt auf alle Elemente eines Innendesigns aus, auf die Einrichtung ebenso wie auf die Raumstruktur.

Weder mit Tapete noch Wandfarbe lässt sich die ausdrucksstarke, prächtige Wirkung erzielen, die man mit einer textilen Wandbespannung erreicht, denn von der Struktur eines Gewebes mit seinen kleinen Unregelmäßigkeiten geht immer etwas Lebendiges aus. Zugleich machen stoffbespannte Wände vergessen, dass sich dahinter Mauern verbergen; die Weichheit des Stoffes wirkt sich atmosphärisch auf das gesamte Zimmer aus. Als Wandbehänge verbreiten Stoffe nicht nur Wärme, sie nehmen auch Einfluss auf die Dimensionen eines Raumes, je nachdem, ob sie lose befestigt oder gespannt werden oder ob sie als bodenlange Vorhänge eine Wandfläche kaschieren und für einen Hauch Dramatik sorgen.

An der Art und Weise, wie Textilien in ein Raumdesign integriert wurden, erkennt man, ob ein mittelmäßiger Innenarchitekt oder ein Genie am Werk war. Natürlich werden Designer für ihre Entwürfe in der Regel neue Meterware verwenden, doch nahezu alle sammeln und verarbeiten auch ungewöhnliche Stoffe, um Akzente oder thematische Schwerpunkte zu setzen.

Das Besondere an alten Geweben und Ethnostoffen ist, dass sie einzigartig sind und somit gleichfalls die mit ihnen kombinierten Gestaltungselemente zu etwas Einzigartigem werden lassen. Es müssen keine teuren Textilien sein, im Gegenteil, mit preiswerten Stücken lässt sich beim Dekorieren wesentlich ungehemmter experimentieren. Der Glanz eines einzigen kostbaren Stoffes wird jedoch auf billigere, verblichene oder beschädigte Gewebe in seiner Nähe abfärben – sofern es einem gelingt, ihn optisch in den Mittelpunkt zu rücken und geschickt zu inszenieren.

Indes kann selbst ein ausgefranstes oder fadenscheiniges Tuch noch dekorativ wirken. Textilien sind empfindliche Materialien und waren nie für die Ewigkeit gedacht, darüber hinaus wurden sie oft rücksichtslos

umgearbeitet: Im Europa des 18. Jahrhunderts wurden prunkvolle Stickereien zerstört, wenn sie abgenutzt waren, um die kostbaren Bestandteile – Gold, Silber, Edelsteine – herauszulösen und weiterzuverarbeiten. Daher sind ältere Stücke oft nicht mehr in tadellosem Zustand – was ihrem Charme keineswegs abträglich ist. Für Sammler, die Kunstwerke als Geldanlage betrachten, mag die Perfektion eines Stoffes seinen Wert steigern, doch für alle anderen ist Vollkommenheit eigentlich schon wieder langweilig. Unvollkommenheit fordert zur Kreativität heraus, und unter diesem Gesichtspunkt betrachtet, kann kaum etwas wünschenswerter sein.

Textilien, die der Raumgestaltung dienen – wie Tagesdecken oder Kissen –, sollte man weniger nach Epoche oder Stil kombinieren als vielmehr nach verwandten oder kontrastierenden Farben und Texturen. Der Kreativität sind hierbei keine Grenzen gesetzt. Alt und Neu können als Arrangement wunderbar harmonieren, insbesondere wenn sie eine Gemeinsamkeit haben: Die Kombination von altem und neuem blumenbedrucktem Chintz zum Beispiel bietet einen reizvollen Anblick aufgrund des Kontrastes zwischen leuchtenden und verblassten Farben.

Einer der unumstößlichen Grundsätze unter Textiliensammlern lautet: Ein Stück Stoff kann gar nicht zu klein sein. Begehen Sie nie den Fehler, einen Stoff nicht zu kaufen, weil Ihnen die verfügbare Menge zu gering erscheint. Eine Dekorateurin, die nach Ihnen den Laden betritt, wird ihn gewiss erwerben getreu dem Motto, lieber wenig von etwas Schönem zu besitzen als gar nichts. Eines Tages wird sich eine Verwendungsmöglichkeit finden lassen. Besessene Stoffsammler werden keinen Ausverkauf verpassen, überall Stapel von Textilien durchstöbern, und manche schrecken nicht einmal davor zurück, die Altkleidersäcke wildfremder Menschen zu durchwühlen – auf der ständigen Suche nach einem Fetzen hübscher Tapisserie, einem bestickten Seidenstoff oder einem reizvollen Stück Chintz.

Oben: In dem hellen indischen Wohnraum dienen Stoffe zur Erzeugung einer stimmungsvollen Atmosphäre. Die Matratzen auf dem Boden bieten zwanglose Sitzgelegenheiten und sind mit einem schweren indischen Knitterstoff aus Baumwolle bezogen, den man *khadi* nennt und den Mahatma Gandhi populär machte. Auch die gestapelten Kissen haben verzierte Bezüge aus *khadi*. Als Vorhänge dienen Bahnen handgewebter, in sich gemusterter Baumwolle in einem Himbeerton. Ähnlich gestreifte Baumwoll-*dhurries* liegen auf dem Boden aus.

Es gibt unzählige Orte, an denen man solche Schätze aufstöbern kann: bei Auktionen, auf Wühltischen oder Flohmärkten. Wäscheschränke von Freunden sind ebenfalls oft eine wahre Fundgrube. Früher bewahrten bedachte Hausfrauen Reste eines neuen Stuhlbezuges oder Vorhanges für den Fall der Fälle auf, und oft finden sich diese Reste wieder, wenn der Gegenstand selbst schon längst das Zeitliche gesegnet hat.

Die begnadete Dekorateurin Jean Monro, die sich für ihre wunderbaren Kollektionen von Chintzstoffen von alten englischen Entwürfen und Mustern inspirieren lässt, gibt freimütig zu, bei anderen Leuten immer eine Kante der Sessel- oder Sofahussen hochzuheben für den Fall, dass sich darunter ein interessanter älterer Stoff verbirgt. Ihre unbeirrbare Leidenschaft werden nicht nur Sammler nachfühlen können, sondern alle Menschen, die sich für schöne Dinge begeistern können und irgendwo einen Stapel hübscher Textilien aufbewahren.

Wie gesagt, es ist nicht wichtig, ein Gewebe sofort zu verarbeiten. Die meisten Leute kaufen Stoffe vielmehr mit dem Hintergedanken, eines Tages eine Verwendung dafür zu finden. Zusammengefaltet und auf einen Stuhlsitz gelegt, ersetzt das neu erworbene Stück zunächst vielleicht ein Kissen; lässig über eine Sofalehne gebreitet, verleiht es einem gewohnten Anblick neuen Reiz. Enthusiasten wie Jean Monro oder Christophe Gollut lassen sich von Textilien nicht nur inspirieren, sondern interessieren sich darüber hinaus auch für ihre Geschichte. Anhand der Webarten, Verzierungen, Farben und Muster der Stoffe lässt sich die Geschichte der Wohnkultur lückenlos nachvollziehen: So dienten die üppig bestickten mittelalterlichen Wandbehänge kirchlichen Zwecken, während die ebenfalls kunstvollen Stickereien elisabethanischer und jakobinischer Wandteppiche und Gewänder ein Interesse für Landschaften sowie Flora und Fauna verraten. Darstellungen des Lebensbaumes auf Druckstoffen aus dem 19. Jahrhundert verweisen auf indische Einflüsse, die Abbildung neuer Erfindungen und berühmter Persönlichkeiten auf kulturhistorische Ereignisse. Auch die Entwicklung der Drucktechnik oder der Stofffarben lässt sich anhand von Textilien nachvollziehen.

Betrachten Sie die Textilien Ihrer Umgebung einmal unter all diesen Gesichtspunkten, und schauen Sie sich auch die Stoffe, die sich in Ihrem Besitz befinden, noch einmal an. Wahrscheinlich sehen sie ganz anders aus als die, die wir in diesem Buch zeigen. Dennoch gibt es gewiss einen Platz oder ein Möbelstück in Ihrer Wohnung oder Ihrem Haus, an dem sie sich wunderbar in Szene setzen lassen.

Rechts: Der schöne Stuhlbezug mit modernem Webmuster kontrastiert mit dem alten Seidengewebe aus Syrien. Das Tuch wurde über einen kleinen quadratischen Tisch gebreitet, um die Aufmerksamkeit auf die hübsche Troddel zu lenken.

Links: Eine Sammlung wertvoller Kimonos aus dem frühen 20. Jahrhundert wurde mit Zwischenlagen aus Seidenpapier gestapelt, die Teil der Inszenierung zu sein scheinen. Statt ihn in den Tiefen eines Schrankes verschwinden zu lassen, wurde der Stapel gut sichtbar auf einem Bänkchen arrangiert.

Designer und Sammler

Kenntnisse über die räumlichen Beziehungen zwischen Objekten und die Gesetze von Harmonie und Proportion gehören zum Basiswissen eines jeden Innenarchitekten. Er sollte die Gabe haben, die konventionelle Ordnung und Ausgewogenheit einer Gestaltung durch ein unerwartetes Detail so zu durchbrechen, dass es dem Auge schmeichelt. Jedes untergeordnete Arrangement innerhalb eines Gesamtkonzepts benötigt Farbe und Muster zur Akzentuierung. Deshalb sind Textilien aus der Raumgestaltung nicht wegzudenken: Ihre Töne und Nuancen, Effekte und Strukturen können einem Zimmer Lebendigkeit verleihen.

Designerinnen und Designer verfügen über einen geschulten Farbsinn; oft genügt ihnen ein kurzer Blick, um zu erkennen, ob etwa ein Orangerosa oder ein Blaurosa den richtigen Akzent setzt. Viele scheinen bereits ein bestimmtes Farbschema vor Augen zu haben, mit Hilfe dessen sie instinktiv, scheinbar mühelos harmonische Farbarrangements kreieren. Desgleichen haben sie ein Gespür für Muster und deren Einsatz bei der Gestaltung eines Raumes. War eine stilsichere Gestalterin am Werk,

findet man nicht selten einen Mix aus fünf oder sechs Mustern vor, und bei alten Textilien sind selbst Kombinationen von bis zu zwanzig Mustern möglich. Dadurch entsteht nicht ein Eindruck von Chaos, sondern vielmehr eine Empfindung von Tiefe, Üppigkeit und Raffinement. Manche Stoffe werden großzügig eingesetzt, während von anderen ein winziges Stück für einen interessanten Blickfang sorgt, doch allen kommt dieselbe Bedeutung für die Gesamtwirkung zu.

Jede der im Folgenden vorgestellten Persönlichkeiten pflegt einen ureigenen Stil, der sich in Lieblingsfarben, -stoffarten und ihrer Verwendung niederschlägt. Allen gemeinsam ist jedoch die Passion für Textilien: Sie sind leidenschaftliche Sammlerinnen und Sammler und können sich in langen Diskussionen über die Schönheit eines klitzekleinen Stoffrestes verlieren. Darüber hinaus sind sie Meister im dekorativen Umgang mit Textilien.

Christophe Gollut

Die außergewöhnliche Stilsicherheit des Schweizer Innenarchitekten, der in London arbeitet, rührt vor allem von seiner Liebe zu Textilien her. Christophe Golluts Geschmack ist europäisch geprägt, und Innenarchitektur mit Modetrends in Verbindung zu bringen empfindet er als befremdlich – ihm geht es um den Entwurf zeitlos schöner Interieurs. Seine Begabung beruht auf einem instinktiven Gespür für Textilien, ihre Farbe und Textur. Es sind die Details eines Musters oder Gewebes, die es ihm antun, und kein Stoffrest erscheint ihm zu winzig oder zu ramponiert, um nicht doch noch verwendet zu werden.

Rechts oben: Diese Ton in Ton bestickte Seide aus Fez stammt aus dem 19. Jahrhundert. Der zarte Charme einfarbiger Stickerei kommt am besten zur Geltung, wenn das Gewebe als Einzelstück präsentiert wird. Die Häkelborte mit Fransen unterstreicht die filigrane Wirkung.

Rechts unten: Der alte Stoff ist in sehr gutem Zustand und wurde aufwändig gereinigt. Diese Prozedur nimmt nicht jeder Textiliensammler auf sich, obwohl sie sich auszahlt, wenn der Stoff zu Dekorationszwecken verwendet wird.

Links: In diesem Raum mit gedämpften Rosatönen und blaugrauen Holzelementen bildet das bestickte Tuch auf dem Bridgetisch einen zentralen Blickfang, der durch den geschickten Einsatz von strahlend blauem Filz als Unterdecke hervorgehoben wird. Ein Stuhl ist mit einem rosa-weiß karierten, der andere mit einem modernen bedruckten Stoff bezogen, und die gerafften, mit einem kleinen Muster bedruckten Baumwollvorhänge an den Glastüren stammen aus dem 19. Jahrhundert.

Das Dekor seines großen, kühlen Hauses auf Gran Canaria, besonders das formal eingerichtete Wohnzimmer mit seinen hohen Fenstern und der weißen Holzdecke, wird von Stoffen beherrscht. Das Zimmer ist voller Textilien, kleiner Fragmente wie größerer Stücke, manches alt, anderes brandneu. Die Wände mit Holzelementen in Schwedischblau sind in den herrlichsten Rosaschattierungen gehalten – das ist originell und wirkt aufs Auge erholsam und ausgesprochen harmonisch. Auf einem kleinen Kartentisch liegt ein rosa Seidentuch aus dem späten 19. Jahrhundert, das mit zarten blassgrauen Blumenbuketts bestickt ist. Dieser Fund stammt von einem Markt in Fez und ist ein schönes Beispiel für die dortige Stickkunst. Als Unterdecke dient königsblauer Filz, der in lebhaftem Kontrast zu dem Tuch steht. Betritt man den Raum, glaubt man sich fast in einen Damensalon in einer frühamerikanischen Siedlerstadt versetzt.

Stühle und Sofas bilden den Fond für weitere Textilien: Ein zu einem akkuraten Dreieck gefaltetes Stück Paisleystoff schmückt die Sitzfläche eines Stuhles. Auf einem mit blauer Rohseide bezogenen Sofa liegt ein alter Tischläufer, dessen dekorative Borte vorne über die Kante des Sitzpolsters herabhängt, und ein prächtiges, mit Fransen besetztes Damastsofa in verblasstem Rosa ziert ein gefaltetes Tuch aus Baumwolldamast mit kunstvoll geknüpften Fransen. Bedruckte Shawls mit indischen Ornamenten bilden den Wandschmuck. Auf dem rohen Holzboden liegen ausgeblichene Teppiche. Eine mit goldenen Quasten ver-

Oben: Dieser Raum wirkt sehr harmonisch, obwohl so viele verschiedene Muster darin zusammentreffen. Der Sessel ist mit Samt, das Sofa rechts im Bild mit rosafarbenem Damast aus dem 19. Jahrhundert bezogen, und eine Nadelarbeit aus derselben Epoche bedeckt den breiten Hocker vor dem linken Sofa. Aus der sorgfältigen Kombination von Farben und zarten Mustern ergibt sich die großartige Wirkung dieser sehr ungewöhnlichen Komposition in Weinrot, Blassblau, Altrosa und Perlgrau.

zierte Portiere aus dem 19. Jahrhundert dient als Querbehang über einem sonst schmucklosen Fenster.

Angesichts der unzähligen Kissen im Haus meint Christophe Gollut, er habe im Laufe der Jahre wohl Millionen davon angefertigt. Das Material für die Bezüge stammt aus aller Welt. Den pflaumenfarbenen Baumwolllumpen eines Autowäschers aus Gambia hält er ebenso in Ehren wie einen Stoff des italienischen Designers Rubelli. »Alle verwendeten Stoffe erinnern mich an eine Begebenheit oder einen Ort«, erzählt Gollut. An manchen Textilien kann Christophe nicht vorbeigehen, ohne sie zu kaufen – an Stickereien zum Beispiel oder altem Samt. »Ich kann solche Stücke immer irgendwo verwenden, selbst wenn sie jahrelang im Schrank liegen, bevor ich den richtigen Platz für sie finde.«

Die Fülle an Mustern und Webarten in Golluts Haus beweist, dass Textilien, ob alt oder neu, primitiv oder raffiniert, nur wirken, wenn man sich den Einzelarrangements mit derselben Aufmerksamkeit widmet wie der Gesamtkonzeption des Raumes und sich bewusst ist, dass beide einander beeinflussen. Betrachtet man die Zimmer genauer, erkennt man, dass bei allen Kontrasten in Textur und Muster Farbe als verbindendes Element wirkt. Der Blick auf ein Ruhebett verdeutlicht dies: Die zahlreichen Kissen schimmern in allen Nuancen von Purpur und dunklem Violett – jedes ist einzigartig, und doch harmonieren sie miteinander. Geduld, Fantasie und ästhetisches Fingerspitzengefühl sind vonnöten, um eine solche Ausstrahlung zu erreichen: »Man muss das Dekor eines Hauses schrittweise entwickeln und ver-

Links: Auf dem rosa Damastsofa setzt ein fliederfarbener Shawl mit kunstvollen Fransen einen Akzent. Die Kissenbezüge aus indischen Wollstoffen und alter Stickerei wurden nach farblichen Gesichtspunkten kombiniert.

Unten: Auf einem samtbezogenen Stuhl aus dem 19. Jahrhundert liegt ein akkurat gefalteter Paisley-Shawl aus derselben Epoche.

vollständigen, aber mit Bedacht: Zu große Pracht ist langweilig und erdrückend. Farbe ist sehr wichtig, und außerdem sollte jedes Haus eine gewisse Erhabenheit ausstrahlen, dabei jedoch wohnlich und nicht zu protzig wirken. Und hier kommen Textilien ins Spiel: Mit ihnen kann man einem Raum Atmosphäre und Persönlichkeit verleihen.«

Links: Amish-Quilts erkennt man an ihren kühnen Farben. Die kräftigen Töne des Quilts auf dem Tisch tauchen in den dezenteren Applikationen der Sitzkissen wieder auf. Das Muster der Tischdecke nennt man »Turkey Feather« (Truthahnfeder).

Unten: An der Wand hinter dem antiken Holzstuhl hängen zwei gerahmte Mustertücher, wie sie einst reisende Quiltmacher mit sich führten.

Rechts: Die ausnehmend dekorativen Amish-Quilts waren ursprünglich Gebrauchsgegenstände. Mary Drysdale verwendet in ihrem Wohnzimmer einen Amish-Quilt aus dem 19. Jahrhundert als Tischdecke, ein Stück eines Baby-Quilts als Bezug für einen Esszimmerstuhl und ein Mustertuch als Wandschmuck.

Mary Drysdale

Mary Drysdale gehört zu den führenden Raumdesignern der Vereinigten Staaten. Sie führt ein florierendes Unternehmen mit Niederlassungen in Washington und New York, in denen sie an ihren ebenso schlichten wie durchdachten Entwürfen arbeitet. Ihre ursprüngliche Ausbildung als Architektin wird in ihrem klugen Umgang mit Raum und Form sowie in der Ausgewogenheit spürbar, die sie zwischen den einzelnen Elementen eines Interieurs herzustellen vermag.

»Die Mutterdisziplin ist für mich die Architektur. Ich denke, ein gelungenes Heim ist eine Mischung aus Kunst, Architektur und dekorativen Künsten; anderenfalls fehlt das menschliche Element, der Ausdruck von Persönlichkeit. Innerhalb dieses Rahmens sollten sich alle Bestandteile ergänzen und, statt einen Wirrwarr von Ideen zu bilden, einem klaren Konzept folgen, das ein harmonisches Gleichgewicht anstrebt. Beim Dekorieren mit Textilien gilt es vor allem, ihre Eigenart genau zu studieren. Betrachten Sie Textur, Glanz und Muster eines Stoffes. Setzen Sie die einzelnen Textilien mit Umsicht ein. Viele Menschen kombinieren gedankenlos Dinge, ohne sich zu überlegen, ob zum Beispiel das Gewebe zu dem Stuhl passt, den man damit schmücken will. Bewusstes Design ist Ausdruck eines klaren Leitmotivs und auf eine wirkungsvolle Inszenierung ausgerichtet.«

Als Refugium dient Mary ein kleines Farmhaus, das an der Wende vom 18. zum 19. Jahrhundert erbaut wurde. Es liegt in einer wunderschönen bukolischen Gegend von Süd-Pennsylvania, tief im Land der Amish-Mennoniten. Hier lässt sie ihrer Liebe zu Stoffen und Decken, insbesondere Quilts (darunter natürlich auch viele Amish-Quilts), freien Lauf.

Das Wohnzimmer des Steinhauses ist hierfür ein beredtes Zeugnis: Ein Amish-Quilt mit Applikationen schmückt den Tisch, und über das Sofa ist eine gemusterte walisische Wolldecke gebreitet. Für ein leuchtend gelbes Kissen wurden Stoffbänder verwoben, die einst zum Umwickeln von Zigarren dienten.

An der Wand zieht ein ungewöhnliches Mustertuch die Blicke auf sich. Im 19. Jahrhundert führten Quiltmacher solche Tücher mit sich, um interessierten Kunden einen Einblick in ihre Angebotspalette zu geben. Der Raum strahlt eine große Klarheit aus; nichts lenkt die Aufmerksamkeit vom Design der einzelnen Einrichtungsgegenstände ab, die wie Kunstwerke bewundert werden wollen.

Wortgewandt schildert Mary ihre Liebe zu Quilts: »Ich sammle zeitgenössische Kunst, und nicht zuletzt deshalb ziehen mich die Quilts aus Pennsylvania in Bann. Sie haben viel mit einer bestimmten Art von Malerei gemeinsam, insbesondere aufgrund ihrer leuchtenden, lebendigen Farben und ihrer klaren, einfachen Geometrie. Außerdem fasziniert mich ihre Ausdruckskraft. Aber wer hat sie gefertigt? Schweigsame, ernste, ganz in Schwarz gekleidete Frauen der Mennonitengemeinden. Und doch sprechen die Quilts für mich eine deutlich feministische Sprache. Sie verleihen dem Banalen etwas Poetisches und Bedeutungsvolles. Die Quilts verbinden uns mit dem Leben einer anderen Person, sie spiegeln die Seele ihrer Schöpferin wider. Ich kaufe sie auf Auktionen oder in kleinen Läden, wo immer ich welche finde. Ich spüre sofort, wenn ich einen Quilt vor mir habe, den ich unbedingt erwerben muss, ein Gefühl, das jeder wahre Sammler kennt: Diese eine Arbeit scheint sich von allen anderen abzuheben. Man kann nicht anders, als sie anzustarren, zu berühren und sie besitzen zu wollen. Schon als Teenager habe ich Dinge gesammelt, aber Stoffe zu sammeln ist etwas ganz Besonderes. Im Gegensatz zu einem Gemälde beispielsweise, das immer eine gewisse Distanz wahrt, wollen sie angefasst werden. Fast könnte man sagen, dass meine Quilts für mich wie Familienmitglieder sind. Außerdem sind sie unglaublich praktisch: Man kann sie an die Wand hängen oder über einen Tisch breiten, und wenn einem kalt ist, kuschelt man sich hinein. Auch die Handarbeit, die in einem solchen Werk steckt, fasziniert mich, ebenso wie ich handbemalte Wände tapezierten vorziehe.«

Mary ist sich sicher, dass handgefertigte Gegenstände, insbesondere Textilien, eine Renaissance erleben werden: »Die Informationstechnologie lässt die Kluft zwischen uns und unserer Vergangenheit in rasender Geschwindigkeit größer werden. Aber ich habe das Gefühl, dass es gerade deshalb zu einer neuen Welle der Begeisterung für Textilien kommen wird.«

Links: Dieser Quilt in sanften Ocker- und Grünnuancen bedeckt die Rückenlehne eines Ohrensessels. Der moderne Bezugsstoff des Sessels erinnert seinerseits an einen Quilt.

Oben: Schlichtheit lautet die Devise, wenn man wie hier einen Raum mit Textilien in lebhaften Farben und Mustern schmücken will. Nichts darf ihre Wirkung beeinträchtigen: So ist das Fensterrollo ausgesprochen einfach, und der runde Teppich hebt sich farblich kaum von den Fußbodendielen ab.

Rechts: Fragmente verblichener Quilts und alten schwedischen Leinens in perfekter kühler Harmonie.

Anna Bonde

Oben: Der Entwurf für das Ruhebett mit der schweren weißen Matratze stammt von Anna Bonde. Die Kissenbezüge bestehen aus altem Toile de Jouy und verblasstem gestreiftem Leinen, beides Stoffe aus ihrer Sammlung.

Ganz rechts: Hinter der scheinbaren Schlichtheit des Raumes verbirgt sich ein raffiniertes gestalterisches Konzept. Nichts blieb dem Zufall überlassen, selbst Schürze und Hut an der Wand spielen ihre Rolle in der Gesamtwirkung.

Die Designerin Anna Bonde hortet in ihrem Bauernhaus in der Provence ganze Stapel von Stoffen. »Ich habe viele Schachteln, die förmlich überquellen von Stoffresten«, gibt sie zu. »Manche sind wertvolle Raritäten, andere alltäglich und vielleicht sogar zerrissen oder löchrig. Doch sie sind noch immer hübsch, und ich hebe sie auf, bis ich sie irgendwie verwenden kann. In den Schachteln ordne ich die Stücke nur grob nach Farbe oder Gewebe.«

Anna Bonde lässt sich nicht lange bitten, eine Schachtel aus dem Schrank zu nehmen und uns entzückt verblasste fliederfarbene Kretonne oder ein Stück spitzenbesetztes Leinen zu zeigen. Zu jedem Stoff erzählt sie eine Geschichte: wo sie ihn fand und wie er vermutlich einmal verwendet wurde. »Eine Zeit lang besaß ich ein Geschäft in Isle sur la Sorgue (eine Stadt, die in ganz Europa für bäuerliche französische Antiquitäten, besonders Textilien, bekannt ist). Ich sammle noch immer und berate außerdem verschiedene Unternehmen in Designfragen. Für eine schwedische Firma entwerfe ich Möbel, hauptsächlich die

eisernen Betten und Ruhebetten, die auch hier im Haus stehen.« Die Möbel bestechen durch ihre nüchternen, klaren Formen, die sich sehr gut in das übrige Ambiente einfügen und einen optimalen Hintergrund für Kissen und drapierte Stoffe bilden.

Das Haus ist eine Symphonie in hellen Naturtönen, deren Grundton ungebleichtes Leinen bestimmt. Anna ist gebürtige Schwedin; die kühlen, luftigen Interieurs spiegeln ihre Herkunft wider, doch lebendige provenzalische Einflüsse und die starke südliche Sonne durchdringen alle Räume. Die Designerin kombiniert bewusst alte mit modernen, häufig ländlich oder bäuerlich anmutenden Textilien. Die kühlen Arrangements wirken einladend und inspirierend, unter anderem, weil zahlreiche alte Stoffe in einem neuen Kontext Verwendung fanden. »Jedes Stück birgt unzählige Möglichkeiten, aber gekauft habe ich die Stoffe nur wegen ihrer Schönheit. Ein Rest alter Chintz wird vielleicht zu einem Kissenbezug oder bildet einen Teil eines Bettüberwurfes. Oder ich rahme den gewebten Bezug der Rückenlehne eines alten Stuhles und hänge ihn an die Wand. Die grobe Struktur, die kräftigen Farben und ihre runde Form machen diese Stickereien hinter Glas so interessant.«

Anna Bonde sucht unermüdlich nach neuen Plätzen für ihre ungewöhnlichen Textilien: Eine hübsche bemalte Leinwand hat sie mittig an einer rohen Holztür befestigt, ein weiteres Werk in einen cremefarbenen Wandschirm aus Leinen eingearbeitet. »Wie Sie sehen, liebe ich dieses blasse Leinen und verwende es in den unterschiedlichsten Arrangements. Ich habe eine Menge alte Leinentücher in sehr verschiedenen Qualitäten, manche aus rauem Hanf, andere aus sehr feinem, zartem Stoff. Sie eignen sich hervorragend für Vorhänge und Bettdraperien, als Bespannung von Wandschirmen, als Polsterstoff oder Tischwäsche.«

Das Sofa in dem hellen, kühlen Wohnzimmer etwa ist mit einem alten Rohleinengewebe bedeckt; die Kissen darauf haben Bezüge aus Quilts und aus altem gestreiftem Leinen, und eines ist sogar mit einem prächtigen bestickten Altartuch aus Familienbesitz bezogen. Das Ruhebett mit weißer Matratze schmücken Kissen aus altem Toile de Jouy und gestreiftem Leinen. »Das Haus ist unser ständiger Wohnsitz, also muss es im Sommer wie im Winter gemütlich sein«, erklärt Anna. In der Nähe der Eingangstür steht ein quadratischer Tisch für winterliche Bridgepartien. Im Sommer ist er mit einer maßgefertigten Decke mit Streifenmuster dekoriert. Schlichte, ungesäumte Vorhänge aus klein kariertem schwedischem Leinen, aus dem normalerweise Geschirrtücher gefertigt werden, rahmen die großen Glasfenster. Die unkonventionelle Denkweise, die darin zum Ausdruck kommt, verleiht Annas nordischem Wohnsitz in der sonnigen Provence Originalität, Charme und Behaglichkeit.

Oben: Um die komplizierten Muster von Stickereien bewundern zu können, betrachtet man sie am besten aus nächster Nähe. Dieser Kissenbezug mit Monogramm wurde aus einem Gewebe mit typisch skandinavischen Motiven gefertigt.

Links: Der simple Kartentisch im Wohnzimmer wird im Sommer mit einem maßgeschneiderten Tischtuch aus gestreiftem Leinen ›eingekleidet‹ und so zu einem Schmuckstück. Die Vorhänge bestehen aus einem schwedischen Stoff, der ursprünglich für Geschirrtücher gedacht war.

Nathalie Hambro

Nathalie Hambro ist ein Universalgenie auf dem Gebiet der Dekorationskunst: Sie gestaltet Bücher und entwirft Handtaschen – oft unter Verwendung ungewöhnlicher Textilien – und ist außerdem eine erfolgreiche Autorin. Sie hat eine Geschichte der Handtasche und beliebte Kochbücher verfasst. Das Sammeln von farbenprächtigen und üppig gemusterten Textilien gehört ebenfalls zu ihren Leidenschaften. Davon zeugen die ständig wechselnden Arrangements in ihrem Londoner Apartment.

Das beständigste Element in Nathalie Hambros Wohnung ist der Wandel: Nichts bleibt lange, wie es war. Oft stellt sie von einem Tag zum anderen das gesamte Mobiliar um und verleiht einem Zimmer so ein völlig neues Gesicht. Ein Raum ist für sie »ein anpassungsfähiges, veränderbares, neutrales Grundelement. Jeder Raum hat mindestens zwei Aufgaben zu erfüllen, denn ich möchte in jedem Zimmer leben. Das Schlafzimmer ist halb Wohnzimmer und umgekehrt, und das Esszimmer ist gleichzeitig mein Büro.« Fast überrascht es, dass Küche und Badezimmer nur ihre traditionellen Rollen erfüllen. »Gelegentlich – normalerweise mitten in der Nacht – verspüre ich das dringende Bedürfnis, die Wohnung komplett umzugestalten, und hier kommen die Stoffe ins Spiel. Auch wenn sie Beständigkeit ausstrahlen, lassen sie sich mühelos neu arrangieren.«

Nathalie Hambro kombiniert ihre Textilien schwungvoll und unbekümmert, und obwohl es sich dabei im Hinblick auf Stil und Muster um die unterschiedlichsten Gewebe handelt, sind ihr Geschmack und ihr guter Blick für Farben immer spürbar. Nathalie Hambro sieht es als Vorteil an, dass die von ihr bevorzugten Ethnostoffe und alten Textilien meist pflanzlich und nicht synthetisch gefärbt sind, sodass sie mit der Zeit gleichmäßig verblassen.

Links: Um eine Messingstange drapierter alter Damast ergibt einen prachtvollen Fensterschmuck. Die beiden Troddeln nehmen dem Arrangement jeden Anflug von Strenge. In den Regalen steht manches Buch, für das Nathalie den Einband aus Tapete oder Stoff entwarf, und die Kissenbezüge mit Petit-point-Stickereien sind Handarbeiten der Designerin.

Oben: Das große Kissen mit purpurfarbenem Bezug kommt auf der grünen Decke und zwei rechtwinklig übereinander liegenden karierten Baumwolldecken aus Burma besonders gut zur Geltung.

Links: Ein Blick auf das gusseiserne Ruhebett als Ganzes zeigt ein Mosaik aus Stoffen, in dem pink-goldene und rotgoldene Kissenbezüge Akzente setzen.

Oben und unten: Auf dem Diwan, der die gesamte Wandlänge einnimmt, rivalisieren zarte perlenbestickte Kissen mit Stapeln unterschiedlichster Textilien, darunter französischer Damast sowie Baumwollstoffe mit Streifen oder floralen Druckmotiven aus den Manufakturen Braquenié und Fortuny.

Rechts: Zwei Diwane wurden der Länge nach nebeneinander gestellt – ein herrliches Lager mit französischen Vorhängen aus dem 19. Jahrhundert und einem alten Sari in der Mitte.

Deshalb wirken ihre Arrangements, wie unterschiedlich die Stoffe auch sein mögen, immer harmonisch.

Bewusste Unbekümmertheit ist überall im Wohnzimmer am Werk. Verschiedenste Stoffe fügen sich zu einem reizvollen Gesamtbild zusammen, das manche Überraschung birgt. Die Kissen für einen fernöstlich inspirierten Diwan etwa sind mit perlenbestickten alten Teewärmern bezogen.

»Ich weiß, dass es für viele Menschen schwierig wird, sobald sie versuchen, viele verschiedene Muster zu kombinieren. Doch solange man sich an geometrische Muster wie Streifen oder Karos hält und sie mit stärker gemusterten älteren Stoffen mixt, kann man nicht viel falsch machen.«

Ein prachtvoller Diwan, sowohl Bett als auch Sofa, der sich über die ganze Länge des Raumes erstreckt, belegt ihre These. Die in der Mitte ausgebreitete Bahn aus Sariseide wird von gewebten Ethnostoffen an der Wand umrahmt. »Anstelle von Polstern habe ich an den beiden Enden des Diwans verschiedene Stoffe und gelb gestreifte Baumwollkissen gestapelt.« Sie bilden eine bewegliche Dekoration, was sich als praktisch erweist, wenn man wie Nathalie gerne umräumt. In demselben Zimmer wurde eine Bahn alten Damasts um eine Messingstange geschlungen und mit zwei alten Troddeln geschmückt, um ein hohes Fenster zu verschönern. Natürlich kann auch diese Dekoration jederzeit verändert werden.

»Ich habe ein Faible für Kostüme«, erklärt Nathalie. An einer Tür in ihrem Schlafzimmer hängt die atemberaubende Kluft eines Matadors, kombiniert mit einer venezianischen Karnevalsmaske. Solchermaßen als Kunstwerk inszeniert, wird das Kostüm zu einem unwiderstehlichen Blickfang. »Meine Kimonosammlung habe ich zusammen mit anderen in leuchtenden Farben bemalten Seidenstoffen und Bahnen gefärbter *ikats* in sorgfältigen Stapeln auf der Bank angeordnet. Die Kimonos sind mit Seidenpapier gefüttert, um zu verhindern, dass die Falten Spuren hinterlassen. Das Arrangement hat etwas von einem Kunstwerk, denke ich.« In der Tat kann den Stil von Nathalie Hambro wohl nichts besser illustrieren als dieser Stapel schöner Seidenstoffe.

亨利協乾元

Links: Seras kühne Dekoration verleiht einem gewöhnlichen Sofa unwiderstehlichen Charme. Prächtige alte Umhänge mit Fransen und ein mongolischer Lammfellschal wurden liebevoll drapiert und mit zahlreichen Kissen kombiniert. Die weißen Bezüge sind gestärkt, die farbigen Samtbezüge goldbestickt.

Rechts: In diesem Haus findet alles einen Platz. Eine umfangreiche Sammlung eduardinischer und viktorianischer Shawls ziert Betten, Sofas, Tische und sogar Hocker. Das Buch wurde in kostbare indische Sariseide eingeschlagen.

Sera Hersham Loftus

Selbst unter den vielen schillernden Designerpersönlichkeiten ist Sera Hersham Loftus eine Ausnahmeerscheinung. Ihr Wohnsitz in London ist einfach bezaubernd – eine aus Textilien geschaffene Paradieswelt, in der die nostalgische Pracht eines samtenen Opernumhanges aus eduardinischer Zeit mit dem schlichten Charme eines alten Leintuches harmoniert. Die Designerin hat ein unnachahmliches Talent, Stoffe gewagt, aber gekonnt zu kombinieren.

Für Sera sind die Grenzen zwischen Mode und Innenarchitektur fließend. »Zur Zeit arbeite ich an einer Reihe von Lampenschirmen, für die ich Materialien verwende, die einem in diesem Zusammenhang nicht unbedingt in den Sinn kommen.« Einer der Schirme besteht aus schwarzem Tüll, hat eine Borte aus schwarzem Satin und ist mit prächtigen Orchideenblüten besetzt. Ein weiterer, der den Namen »Eliza« trägt, ist aus zart türkis schimmerndem indischem Tüll gefertigt, mit Satin eingefasst und ebenfalls mit Orchideen geschmückt. Für einen dritten wurde ein Stück alter Spitze über indischen Tüll drapiert und dieser mit Kristalltropfen und Satin verziert. Sogar über Tüll oder Nylon gestreifte Netzstrümpfe können in Lampenschirme verwandelt werden. Diese Schirme sind längst nicht so empfindlich, wie man meinen könnte: »Sie sehen vielleicht alle aus wie Zuckerwerk, das keinen Windhauch übersteht, doch sie sind ordentlich verarbeitet und sicher an einem starken Drahtgerüst befestigt«, meint Sera Hersham Loftus.

Ihre Liebe zu Textilien ist im ganzen Haus spürbar. Wird ein türkisfarbener eduardinischer Umhang mit rüschenbesetztem Stehkragen über einen Stuhl gebreitet, wirkt er wie das raffinierte Werk eines Polsterers. Ein ausladendes weißes Sofa wurde mit dem Inhalt einer Kiste ungewöhnlicher Kleidungsstücke geschmückt: ein mongolischer Lammfellschal über die eine Lehne drapiert, ein eduardinisches Abendkleid aus Seide über die andere, ein fransenbesetzter, zartvioletter Samtumhang über die Sitzpolster. Am anderen Ende des Wohnzimmers steht ein mit schwerem weißem Köper bezogenes eisernes Ruhebett, das, bedeckt mit einem hellen Schaffell, Kissen in weißen bestickten Hüllen und einer weißen Stola aus Marabufedern, Eleganz ausstrahlt. Eine rote Nackenrolle setzt einen Farbakzent (siehe Seite 41).

Einem Interieur mit alten Tüchern ein neues Gesicht zu verleihen fällt nicht schwer, wie Sera an zahlreichen Beispielen zeigt. »Ich liebe diese Tücher und ihre Farbkombinationen. Gegen Ende des 18. und fast das ganze 19. Jahrhundert über wurden im Orient und auch in Europa sehr viele davon hergestellt. Heute lassen sie sich vortrefflich zu Dekorationszwecken verwenden, vor allem wenn sie, wie so oft, mit wunderschönen Fransen verziert sind.« Sera schöpft beim Dekorieren und Polstern gerne aus ihrem eigenen großen Fundus: Hocker und sogar ein ausladender Stuhl wurden mit prachtvollen bestickten Tüchern bezogen. Natürlich ist ein solcher empfindlicher Bezug nicht für die Ewigkeit gemacht, doch für eine Weile wird sich die Stickerei in ihrer ganzen Pracht dem Auge darbieten.

Nach Seras Ansicht wirken Schultertücher überall gut, ob dekorativ über die Ecke eines Bettes geworfen, der Länge nach über eine spanische Wand gehängt oder auch um einen Blumentopf geschlungen. Ein Gegengewicht setzt sie mit Hilfe langer Leintücher als Vorhänge an den Fenstern oder anstelle von Türen. Manche sind mit Durchbruchstickereien versehen.

»Mir gefallen Kleinigkeiten, die sich einfach irgendwo finden«, sagt Sera, die eine leidenschaftliche Begeisterung für Posamenten hegt. »Hutmacherblumen zum Beispiel, die ich an die Wand gehängt habe, goldene Fransen, Spitze, Bänder und Quasten ... Man kann aus allem etwas machen.« Ihre Arrangements muten wie zeitgenössische Kunstwerke an. Sie wirken ebenso wenig albern wie Blumen und Schleifen an einer extravaganten Diva.

Links: Die originelle Tischlampe mit einem selbst gefertigten Schirm scheint wie gemacht für das Tischchen mit einem alten Fransentuch.

Oben: Dieser alte Seidenvorhang ist eine Augenweide. Ein ätherisches Chiffonkleid fügt sich hervorragend in das Dekor ein.

Rechts: In diesem Arrangement lebt Sera ihre Leidenschaft für Shawls aus: Sie bedecken das Sofa, dienen als Polsterbezug und als dekorative Draperie über der Tür.

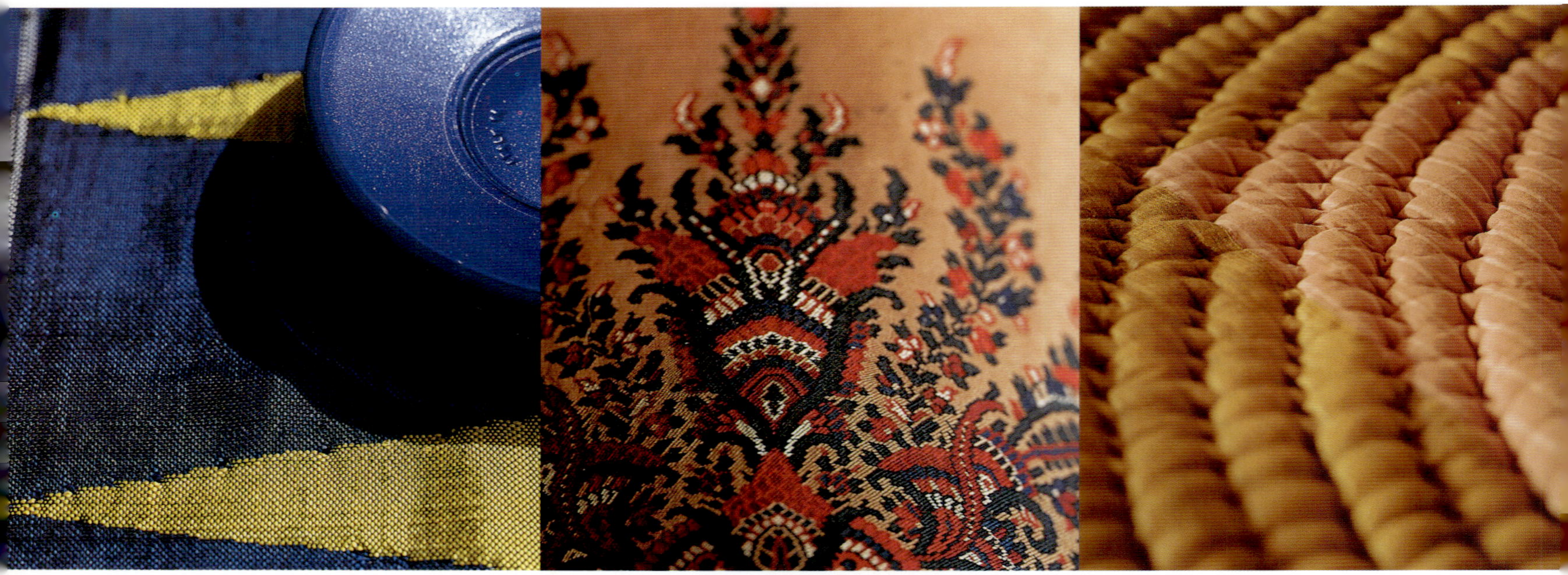

Textilgeschichte

Je mehr man über einen Themenbereich weiß, desto mehr Freude bereitet es, sich damit zu befassen. Das gilt auch für die Beschäftigung mit Textilien. Hintergrundwissen über ihre Herstellung, Herkunft und ursprüngliche Verwendung macht sie erst wirklich faszinierend und steigert die Freude bei der Suche nach neuen Stücken und den Stolz auf einen interessanten Fund. Jedes Stück Stoff, ob klein oder groß, schlicht oder kunstvoll, erzählt eine eigene Geschichte.

Es gibt eine solche Vielzahl an Textilien und so viele Varianten der verschiedenen Stoffarten, dass es schwer fällt, sich zu entscheiden, welche man verwenden oder sammeln möchte. Glücklicherweise braucht man sich nicht festzulegen, denn warum sollte man nicht einfach alles sammeln, was einem gefällt? Dekorateure und Designer handeln schließlich auch nach diesem Grundsatz. Wer fürchtet, zu guter Letzt in Stoffbergen zu ertrinken, dem sei versichert, dass jeder sich zu einer bestimmten Farbpalette, Musterauswahl, zu bestimmten Stoffarten, Epochen oder Stilrichtungen hingezogen fühlt und somit unbewusst schon eine gewisse Vorauswahl trifft. Sie

werden feststellen, dass Ihre Sammlung ganz von allein einen eigenen Charakter annimmt, eine Persönlichkeit entwickelt, die deutlich von Ihrer eigenen geprägt ist.

Das folgende Kapitel bringt einen kurzen geschichtlichen Überblick über die wichtigsten Textilarten: über ihren Ursprung, ihre Entwicklung und ihre Varianten je nach Kontinent und Land. So geht es beispielsweise um die Kunst gewebter Bildteppiche und Stickmustertücher, die Entwicklung verschiedener Herstellungstechniken und Muster. Außerdem sollen im Folgenden Anregungen zur möglichen Verwendung von Stoffen gegeben werden. Natürlich konnte aus der Fülle verfügbarer Informationen und Ideen nur eine gewisse Auswahl getroffen werden. Ziel ist dabei vor allem, Freude an schönen Stoffen und deren Verwendung bei der Gestaltung von Räumlichkeiten zu wecken.

Leinen und Spitze

Rechts: Die üppigen Kissen in bestickten französischen Kissenhüllen und das Schaffell kontrastieren mit dem dunklen Metallbettgestell; einen Farbakzent setzt die dunkelrote Nackenrolle.

Unten: Die Strenge des viktorianischen Sofas wird von der verspielten Dekoration aus gestärktem Leinen und Spitze gemildert.

Die heute gebräuchliche Tafel- und Bettwäsche besteht ebenso häufig aus Baumwolle, Kunstfaser oder Seide wie aus reinem Leinen, doch vor 300 Jahren war Leinen das gängigste Gewebe im Haushalt. Es wurde nicht in Form prächtiger Vorhänge oder Wandbehänge zur Schau gestellt, sondern zur Herstellung von Tischwäsche, Bettlaken und anderen Gebrauchstextilien verwendet.

Oben links: Diese prächtige Lochstickerei in Leinen entfaltet auf der karierten Unterdecke in gedeckten Farben ihre ganze Schönheit.

Oben Mitte: Viele Stickereien aus dem 18. und 19. Jahrhundert zeugen von hoher Kunstfertigkeit, so auch diese beiden Buchstaben.

So legte man zum Beispiel im Mittelalter, um den Badekomfort zu erhöhen, die meist hölzernen Waschzuber mit Leinen aus, spannte Leinenbahnen als ›Himmel‹ darüber und konstruierte so eine Art einfache Sauna. Im 17. Jahrhundert waren üblicherweise alle bis auf die ganz einfachen Betten mit Laken ausgestattet, deren Qualität von äußerst fein bis grob reichte. Als Tafelleinen verwendete man grobe Gewebe aus sehr rauem Flachs, der ungebleicht, manchmal sogar braun war, bis hin zu feinstem Leinenbatist. Auch pflegte man wertvolle Teppiche oder Wandbehänge auf dem Tisch auszulegen und während der Mahlzeiten schützende Leinentücher darüber zu breiten.

Während man anfangs im eigenen Hause Tuch webte oder das gesponnene Garn reisenden Webergesellen mitgab, wurde bereits im 17. Jahrhundert gewebtes Leinen in großen Mengen auf die Britischen Inseln importiert, wobei das erlesenste und weißeste Leinen aus Frankreich oder Holland stammte.

Die frühen amerikanischen Siedler webten ebenfalls ihre eigenen Stoffe. Die Arbeit war zeitraubend; bis der Flachs geerntet und verarbeitet war, gingen Monate ins Land. Ab dem 17. Jahrhundert war feines Leinen in Nordamerika ein Statussymbol, man ging sorgsam damit um und gab es als wichtigen Bestandteil der Aussteuer an die nächste Generation weiter.

Edles Leinen

Gegen Ende des 17. Jahrhunderts gehörten zu kostbaren Tischtüchern die passenden Mundservietten und eventuell auch Hand-

servietten zum Servieren. Haushaltsleinen zu besitzen war wichtig, und jedes einzelne Gewebe sollte ein Schmuckstück sein.

Sogar die Truhen, in denen es aufbewahrt wurde, waren reich verziert. Sticken war ein äußerst beliebter Zeitvertreib und gehörte selbstverständlich zu der Erziehung der Töchter aus gutem Hause, die ihr Können auf Leinenstoffen unter Beweis stellten. Vor allem Teile der festlichen Tafeldekoration waren oft kunstvoll gearbeitet und beispielsweise mit Ausschnittstickerei, Fransen oder gehäkelten Borten verziert. In England war Häkeln einst eine hochangesehene Kunst zur Fertigung von Kleidung und Zierrat. Im 20. Jahrhundert geriet es zu Unrecht in Misskredit und wird heute fast nur noch mit buntscheckigen Wollwesten und Babydecken in Verbindung gebracht.

Tafel- und Bettwäsche wurde nicht nur mit Häkelborten, sondern oft auch mit Spitze verziert – zarten Arbeiten, für die Fäden zu unglaublich filigranen Mustern verbunden wurden. Spitze lässt sich aus verschiedenen Materialien fertigen, auch aus Baumwolle und Seide, doch als die erlesenste Spitze gilt solche aus feinen weißen Leinenfäden.

Die ersten Spitzenmotive gehen auf das 16. Jahrhundert zurück und kamen möglicherweise aus Venedig. Seit dieser Zeit stand Spitze als Schmuck von Kleidung, Bett- und Tischwäsche, Kissen, Handtüchern, Wandbehängen und Gardinen bis ins 19. Jahrhundert hinein hoch im Kurs. Italienische Spitze erfreute sich zu Recht großer Beliebtheit, doch flandrischer Leinenfaden war ebenfalls von so feiner Qualität, dass er zu hauchzarten Wunderwerken verarbeitet werden konnte. Ende des 17. Jahrhunderts war auch Frankreich für seine herrliche Spitze berühmt; Muster und Herstellung variierten je nach Region. Erlesene, fragile Spielarten entstanden, beispielsweise die seidene Chantilly-Spitze, die besonders als Material für Schleier geschätzt wurde.

Im 19. Jahrhundert, dem Zeitalter der Industrialisierung, kam die Maschinenspitze auf den Markt, ebenso wie ein Tüllstoff, der von Hand bestickt werden konnte. Das hatte zur Folge, dass die Spitzenherstellung von Hand Anfang des 20. Jahrhunderts beinahe ausgestorben war.

Kunstvolle Spitzen

Bei der Herstellung von Spitzen unterscheidet man Klöppel- und Nähspitze. Erstere wird auf einem Klöppelkissen gefertigt, auf dem der Klöppelbrief, ein gemustertes Pergamentpapier, mit Nadeln befestigt ist, mit deren Hilfe man dem Muster folgt. Um die Nadeln werden Fäden geschlungen, deren Enden auf hölzerne oder knöcherne Klöppel gewickelt sind; die Spitze entsteht durch geschicktes Verkreuzen und Verknoten der Fäden. Es wurde natürlich nicht nur weiße oder cremefarbene Spitze hergestellt, sondern manchmal – besonders im 17. und 18. Jahrhundert – verarbeitete man auch Silber- oder Goldfäden.

Nähspitze entwickelte sich aus der Ausschnittstickerei. Man fasste Ränder von runden oder ovalen Formen mit Stickstichen ein und schnitt anschließend die Mitte aus. Bei der bekannten Richelieu-Stickerei werden die Zwischenräume mit Stegen überbrückt. Prächtige Spitzen kann man heute auf Porträts aus dem 16. und 17. Jahrhundert bewundern: an Hemden, Jacken, Manschetten, Kragen,

Links: Dieses Arrangement ist an Pracht kaum zu übertreffen. Statt eines unauffälligen Überwurfes wurde ein altes besticktes Seidenumhängetuch mit langen Fransen über das Bett gebreitet. Es wird von delikaten Voilegardinen umrahmt, die wallend bis zum Boden fallen.

Oben: Eine in ihrer schönen Schlichtheit bemerkenswerte Dekoration von Lynn von Kersting: Der Armlehnstuhl ist mit weißem Kaliko bezogen und mit Einzelstücken aus altem besticktem Tafelleinen mit Spitzenbesatz bedeckt. Die Kurzlebigkeit des Arrangements ist gewollt.

Links: Kleinformatige Spitzen oder Lochstickereien eignen sich wunderbar als Kissenbezüge. Man kann sie auf ein größeres Stück Stoff aufnähen, einsetzen oder auch mit einem anderen Stoff hinterlegen.

Rechts oben: Monogramme, ob schlicht oder kunstvoll, sind in jedem Fall ein schöner Schmuck für einen Kissenbezug.

Rechts Mitte: Diese Kissenbezüge mit Monogramm sind aus ungebleichten alten Leinenhandtüchern genäht. Zu zweit oder zu dritt angeordnet wirken sie besser als einzeln.

Rechts unten: Ein edles Arrangement in Weiß. In einen Kissenbezug aus ungebleichtem Leinen wurde ein Stück zarter Spitze eingesetzt.

Ganz rechts: Der applizierte rote Karostoff aus dem 19. Jahrhundert kommt vor dem Hintergrund aus reinweißem Leinen optimal zur Geltung.

Krausen und Zierborten, mit komplizierten und fantasievollen Rosetten, Sternen, heraldischen Lilien und verschnörkelten Blättern.

Bei der Nähspitze schließlich war man nicht mehr auf ein Gewebe als Ausgangsmaterial angewiesen: Man heftete Fäden auf ein Stück Pergamentpapier und umnähte sie mit Stickstichen, um kunstvolle Ornamente zu fertigen. Obwohl die Frauen jener Zeit meisterhafte Handarbeiten zu schaffen vermochten, wurde die Fertigung der komplizierten Nähspitze kundigen Facharbeiterinnen überlassen.

Im 16. Jahrhundert entwickelte sich die Weißstickerei in Europa zu einem blühenden Industriezweig. Unter »Weißstickerei« versteht man alle Stickarbeiten, bei denen mit weißem Faden auf weißem Grund gearbeitet wird, handelt es sich nun um Nähspitze oder Durchbrucharbeiten. Im 19. Jahrhundert, etwa zur Zeit der Londoner Weltausstellung 1851, wurde eine vereinfachte Form der Ausschnittstickerei entwickelt, die bis heute beliebt ist: die Broderie Anglaise, ein Typ von Lochstickerei.

Alle Techniken der Weißstickerei wurden – und werden in einfacherer Form noch heute – zur Verzierung von Bett- und Tischleinen angewendet. So besaß ein großer, wohlhabender Haushalt im 18. Jahrhundert einen umfangreichen Bestand an Leinzeug, sowohl Bettwäsche – oft Hunderte von edlen und groben Laken – als auch unzählige Tischtücher. Bei einem förmlichen Abendessen benötigte man durchaus zwei oder drei Tischdecken, die man übereinander legte, da nach jedem Gang auch das Tischtuch mit abgeräumt wurde.

Oben: Auf manche mag dieses Schlafzimmer überladen wirken, für andere ist es eine Reverenz an die Schönheit von Spitzen. Alte Seidentücher aus der umfangreichen Sammlung dienen als Raumteiler, hängen über Lampen oder fanden als Überwürfe Verwendung.

Rechts: Dieses schlichte amerikanische Schlafzimmer ist ganz in Weiß gehalten: Weiß sind die freistehenden Säulen zu beiden Seiten des Bettes, weiß sind die Bettdecke aus ungebleichtem Leinen, der Musselinbaldachin und die breite alte Häkelborte aus Europa.

Im Wandel der Zeit

Schon seit dem 16. Jahrhundert faltet man Servietten zu komplizierten, effektvollen Gebilden. Am Hof von Versailles sowie an anderen Höfen und Adelssitzen galt das Falten von Servietten als Kunst. Man verwandelte sie in Frösche, Fische, Pfauen und andere Geschöpfe. Selbstverständlich waren diese Gebilde nur als Zierde gedacht, zum Gebrauch lagen andere Servietten bereit. Ende des 18. Jahrhunderts gab es sogar Servietten von über einem Meter Länge – sicher war es besonders in Frankreich, wo man gerne ausschweifend speiste, angebracht, die Kleidung damit zu schützen.

Mit der Zeit änderten sich die Ansichten über die wirkungsvollste Präsentation von kostbarem Leinzeug. So waren im 18. Jahrhundert bei Tischtüchern deutlich sichtbare Faltlinien erwünscht, während man hundert Jahre später glänzendes, geplättetes, glattes Leinen am schönsten fand. Zu diesem Zweck wurde es am Waschtag durch große Mangeln mit hölzernen Rollen gezogen und anschließend mit einer Leinenpresse bearbeitet. In vielen Haushalten wurde es auf Röhren gewickelt aufbewahrt, um es so glatt wie möglich zu halten.

Bis zum Beginn des Ersten Weltkrieges verlangte die Etikette weiße Tischwäsche, doch seither hat sich, abgesehen von sehr förmlichen Tischdekorationen, ein wenig Farbe eingeschlichen. Ab dem frühen 19. Jahrhundert war es üblich, Monogramme auf das Haushaltsleinen zu sticken – entweder im traditionellen Kreuzstich, häufig mit rotem Faden, oder in

eleganter Weißstickerei. Es gibt wunderschöne Varianten solcher Initialen: Locharbeiten oder Stickereien, die in unzählige unterschiedliche Blätter- und Blütenmuster eingefasst sind. Es lohnt sich, nach altem Leinzeug dieser Art Ausschau zu halten, denn oft kann man den bestickten Teil retten und in eine neue Arbeit einfügen. Im weiteren Verlauf des 19. Jahrhunderts kam es in Mode, das polierte Holz eines wertvollen Tisches zu zeigen, statt es unter einem Tischtuch zu verbergen; man verwendete stattdessen Läufer aus Leinen, die längs über den Tisch gelegt wurden und die Seiten unbedeckt ließen.

Leinendecken kamen nicht nur auf dem Esstisch zum Einsatz: Die Teestunde im Salon bot der Hausherrin Gelegenheit, ihre Kostbarkeiten aus den Schränken zu holen: kleine Teeservietten, Tablett-, Zierdeckchen und Untersetzer, die unter die Teekanne und die Teller mit Sandwiches, Kuchen und Torten gelegt wurden, sowie einen Läufer für den polierten Tisch. Im übrigen Haus lagen Leinendeckchen unter Porzellan- und Glasfigürchen, unter Blumentöpfen und Vasen. Auf Sofas und Stühlen schützten Schondeckchen Kopf- und Armlehnen; im Schlafzimmer lagen runde, ovale oder quadratische Deckchen auf dem Toilettentisch bereit, auf denen Schüsseln, Tiegel und Flakons abgestellt wurden, und in der Nähe des Waschbeckens Gästehandtücher in verschiedenen Größen. Auf dem Bett lagen für gewöhnlich einige Paradekissen sowie Beutel für die Nachtwäsche.

Weiße Pracht

Sammlerinnen und Sammlern von Leinen und Spitze bietet sich eine große Auswahl besonders an Tischwäsche. Man findet immer noch alte, großformatige Servietten aus Damast oder Leinen, Tischtücher und Bettlaken, die oft einzeln auf Auktionen verkauft werden und manchmal in schlechtem Zustand sind. Filigrane Durchbrucharbeiten, Stickereien und andere Verzierungen weiß heute kaum noch jemand anzufertigen. Daher sollte man alten Stücken einen Ehrenplatz einräumen, anstatt sie in Schachteln zu horten. Weißes Leinzeug und Spitze verleihen einem Zimmer ohne viel Aufwand ein neues Gesicht.

Auf dem Esstisch etwa kann man alte Leintücher so drapieren, dass die gestickten Ornamente an den Tischenden herabhängen. Ein Handtuch mit reizvollem Saum mag die Sitzfläche eines Polsterstuhls schmücken, über die Armlehnen lassen sich ovale Deckchen breiten, und vielleicht rundet ein Kissen mit edler Richelieu-Stickerei das Arrangement ab. Eine große Tischdecke oder ein Laken mit Stickborte lässt sich wunderbar über ein Sofa drapieren. Leinenreste mit interessanter Spitze oder Häkelarbeit kann man direkt auf die Rückenlehne eines gepolsterten Stuhles nähen. Dabei sollte, wenn man nicht Ton in Ton arbeitet, mindestens ein Farbton des Stoffes einem Ton des Polsters entsprechen. Größere Stücke verlangen vielleicht nach einem passenden Zuschnitt, um eine Sitzfläche oder Lehne zu bedecken. Hussen können ebenfalls aus Leintüchern angefertigt werden und sind besonders eindrucksvoll, wenn sie über hölzerne Esszimmerstühle mit geraden Lehnen oder über klassische Regiestühle gestülpt werden und bis zum Boden reichen.

Die Wirkung eines Raumes kann so ohne viel Mühe völlig verändert werden. Am besten kommen weiße Stoffe zur Geltung, wenn sie mit schwarzem Holz oder einem antiken Möbelstück kombiniert werden; es ist ratsam, mit Kontrasten zu spielen, jeden Eindruck von Kitsch jedoch zu vermeiden.

Mit dem Inhalt alter Wäschetruhen lassen sich auch Fenster bestens dekorieren. Leinenlaken aus vergangenen Tagen eignen sich hervorragend als Vorhänge. Sie können mit Schlaufen an Stangen befestigt oder einfach darüber drapiert werden. Alte Leinenhandtücher lassen sich leicht zu Jalousien oder einfachen Gardinen für kleine Fenster umarbeiten, die man mit Nägelchen am Fensterrahmen befestigen kann; eine Fransenborte gibt einen hübschen Querbehang ab.

Schon die Tafeldekorationen des 18. Jahrhunderts machen deutlich, dass für altes Leinen und Spitze nur ein Motto gilt: Mehr ist mehr. Sie wirken am beeindruckendsten, wenn nicht ein Stück isoliert präsentiert wird, sondern mehrere gefaltet nebeneinander gelegt oder gestapelt werden. Beschädigte oder verschmutzte Exemplare mit interessanten Details kann man

Oben: Die Details einer Spitze wirken besonders eindrucksvoll, wenn Licht hindurchfällt. Hier trennt ein Vorhang aus alter Spitze Bade- und Schlafzimmer.

Links: Um das filigrane Monogramm hervorzuheben, wurde das Leinen sorgfältig gestärkt und gebügelt.

Ganz links: Weißer Fußboden, weiße Bezüge, schlichte Armlehnstühle und ein Türvorhang aus einem alten Laken mit einem Querbehang aus fransenbesetzter Spitze: Hier kommt der Glanz eines Weiß-in-Weiß-Arrangements voll zur Geltung.

Rechts: Alte Leinenlaken dienen in diesem Schlafzimmer in Südfrankreich als schlichte, aber wirkungsvolle Bettvorhänge. Sie wurden mit Metallringen an einem einfachen Metallgestell angebracht, das in der Wand verdübelt und mit Seilen an der Decke befestigt ist.

Unten: Das Innere dieser altmodischen Küchenzeile verdecken gekürzte Leinenlaken. Mit Schnitzereien verzierte Stühle, die mit Wandbehängen des 19. Jahrhunderts gepolstert wurden, und weiße Metallstühle mit rüschenbesetzten Baumwollkissen fügen sich gut in dieses Ambiente ein.

mit besser erhaltenen, weniger attraktiven Stücken kombinieren. Als Kissenhüllen eignen sich dekorative Reste, die in ein intaktes Stück Leinen eingesetzt oder aufgenäht werden, oder auch die im späten 19. und frühen 20. Jahrhundert beliebten Wäschebeutel, in denen die Damen kostbare Strümpfe, Dessous oder Nachthemden aufbewahrten. Die Kombination von einheitlich weißen, aber unterschiedlich strukturierten Stoffen ergibt einen interessanten Effekt.

Leinen kommt nur dann richtig zur Geltung, wenn es wirklich schneeweiß ist, und je kunstvoller es verziert ist, desto sorgfältiger sollte es gebügelt und gestärkt werden, damit es nicht wie ein Stück aus einer Lumpensammlung aussieht. Vielleicht lässt sich deshalb heute noch so viel altes Leinzeug auftreiben, weil es immer schon mit großer Wertschätzung behandelt wurde.

Wenn auch etwas zeitraubend, ist das Waschen und Stärken von Leinen heute glücklicherweise nicht mehr so mühsam wie beispielsweise im 18. Jahrhundert. Damals war man tagelang damit beschäf-

Oben: Je schlichter der Einrichtungsstil, desto besser kommt altes Leinen zur Geltung. Hier wurde der Leinenvorhang einfach mit Schleifen an der hölzernen Gardinenstange befestigt.

tigt. Im 19. Jahrhundert arbeiteten in wohlhabenderen Häusern bereits Waschfrauen. Ein großes Haus hatte meist mindestens drei Räume für die Wäschepflege – ein Waschhaus, einen Trockenraum sowie ein Mangel- und Bügelzimmer. Wann immer es möglich war, hängte man die Wäsche zum Trocknen im Freien auf oder breitete sie im Gras aus. Dann wurden die Laken und Kleidungsstücke gemangelt, gefaltet und sorgfältig verwahrt – ein Aufwand, den man sich in der heutigen Zeit der Sprühstärke und Waschmaschine kaum noch vorstellen kann!

Links: Hier wurde kambodschanische Seide in leuchtenden Farben zu Kissenbezügen verarbeitet: Der eine ist mit seidenen Blütenköpfen, der andere mit einer traditionellen gestickten Borte verziert.

Rechts: Selbst relativ kleine Stücke fernöstlicher Seide haben genügend Leuchtkraft, um einem in gedämpften Farben gehaltenen Raum heitere Frische zu verleihen.

Seide

Seide wurde von jeher mit den kostbarsten Stickereien und gewebten Ornamenten verziert und zu den erlesensten Gewändern verarbeitet. Von Anfang an war sie mehr als nur ein Stoff unter vielen: Die schwierige Fertigung und das Geheimnis, das darum gemacht wurde, der Zeitaufwand, der sowohl mit der Aneignung des nötigen Fachwissens für die Herstellung als auch mit der Beschaffung des Rohmaterials verbunden war, sowie die Bedeutung der Seide als politische und wirtschaftliche Währung ließen die Geschichte dieses Materials zu einem Mythos werden.

Seide ist eine einzigartige Faser. Während jedes andere Garn von Menschenhand gesponnen wird, ist Seide das Produkt von Tieren, meist von Seidenraupen. Der Faden, den man von den Kokons abhaspelt, ist unglaublich fein, sodass man mehrere Fasern zusammendrehen muss, um einen Strang zu erhalten, der stark genug ist, um verwebt zu werden. Seidenraupen fühlen sich in gemäßigten Klimazonen wohl, in denen weiße Maulbeerbäume gedeihen, das heißt von China bis nach Italien und Südfrankreich. Als König Jakob I. im 17. Jahrhundert versuchte, die Seidenraupenzucht in England zu etablieren, scheiterte sein Vorhaben, da er Setzlinge des schwarzen Maulbeerbaumes gepflanzt hatte, denen seine importierten Seidenraupen nichts abgewinnen konnten.

China wurde schon sehr früh, mit Gewissheit vor Christi Geburt, zum Zentrum der östlichen Seidenindustrie. Natürlich waren die speziellen Webverfahren strengster Geheimhaltung unterworfen. Seidenüberreste zeugen davon, dass die chinesischen Seidenwebtechniken im 7. Jahrhundert sehr viel weiter entwickelt waren als in der restlichen Welt und selbst hochkomplizierte Muster gefertigt wurden. In den folgenden Jahrhunderten webte man in China seidene Wandteppiche, die zur Bespannung von Wandschirmen oder als Schmuck für Streitwagen, als Flaggen oder Banner verwendet wurden.

Seide war auch der gängige Stoff für die Gewänder der Würdenträger und der kaiserlichen Familie. Am chinesischen Hof herrschte eine strenge Ordnung: Nicht

Links: Fernöstliche Seide eignet sich wegen ihrer charakteristischen Leuchtkraft gut für den Gebrauch im Freien. Hier dient ein indischer Seidenschal in Violett, Blau und Gelb als Tischdecke.

Unten links: Ein sommerliches Accessoire für ein Diner *al fresco:* die Tasche aus rosafarbener kambodschanischer Seide.

Unten rechts: Sonnige Farbenpracht auf der Terrasse: ein indischer Baumwollschal auf dem Gartenstuhl, bunte Plastikklappstühle und ein Kissen mit einem Bezug aus indischer Seide.

nur war jede Farbe einem bestimmten Rang vorbehalten, sondern auch bei den einzelnen Farbnuancen wurde genau nach der Stellung innerhalb der Hierarchie differenziert. Mitternachtsblau durfte beispielsweise nur das Kaiserpaar tragen. Die Stickereien auf den Gewändern standen den Farben an Aussagekraft kaum nach. Es gab zwölf Symbole, die jeweils eine bestimmte Eigenschaft oder Position versinnbildlichten, und nur der Kaiser war berechtigt, alle zwölf Symbole auf seinen Gewändern zu tragen. Die antiken bestickten Umhänge, die die Mandarine – chinesische Hofbeamte – vom 14. bis zum 20. Jahrhundert trugen, sind heute begehrte Sammlerstücke. Die symbolträchtigen Umhänge sind jeweils mit einem Zeichen versehen, das eine der neun Rangstufen der Mandarine repräsentiert – von einem weißen Kranich für den bedeutendsten bis zu einer kleinen Wachtel für den niedrigsten Rang.

Die Seidenstraße

Ursprünglich gelangte die Seide aus China und manchmal auch aus Japan über die alten Karawanenstraßen, die so genannten Seidenstraße, nach Europa. Handel und kultureller Austausch zwischen Morgen- und Abendland wurden entlang diesen Straßen aufgebaut. Natürlich waren viele Länder erpicht darauf, die Techniken der Seidenherstellung in Erfahrung zu bringen. Doch bis ins 10. Jahrhundert konnte China seine Geheimnisse wahren, und die europäischen Staaten waren gezwungen, den Großteil ihres Seidenbedarfs im Fernen Osten zu decken. Oft waren persische Kaufleute als Zwischenhändler tätig.

Auch auf dem indischen Subkontinent webte und verzierte man feine Seidenstoffe. Man denke nur an die zarten, kunstvollen Saris, Turbane und Schleierstoffe, die mit Gold und Silber durchwirkt sind und so von der Kunstfertigkeit zeugen, die in diesem Teil der Erde schon vor vielen Jahrhunderten erreicht wurde. Unter Großmogul Akbar begannen Weber in Lahore, Agra und Gujarat Seidenbrokat herzustellen, den sie mit Silber- und Goldstickereien schmückten. Die Nuancen in der Verzierung der Gewänder ließen auf die Stellung ihrer Träger in der komplexen indischen Gesellschaftsordnung schließen.

Zwischen dem 11. und dem 13. Jahrhundert erschloss sich die Seidenindustrie infolge der Kreuzzüge auch dem Abend-

Links: Dieser kostbare Seidensari auf einem schlichten Tisch harmoniert wunderbar mit den warmen Farben der persischen Vase und der rot gestrichenen Wand.

Links unten: Ein vielseitig verwendbarer Stoff aus Laos: Akkurat gefaltet und über den gelb bezogenen Sessel drapiert, strahlt das gewebte Tuch eine strenge Klarheit aus, die auch seinem Muster eigentümlich ist.

Rechts: Eine üppigere Dekoration ist wohl schwerlich denkbar: Ein für den Export bestimmter chinesischer Seidenwandbehang aus dem 18. Jahrhundert wurde mit prunkvollen handgefertigten Seidentroddeln verziert, die dem Tuch an Leuchtkraft in nichts nachstehen. Selbst der Teppich fügt sich in die warme Farbpalette. Eine kühlere Note bringen die mit hellen alten Baumwollstoffen bezogenen Kissen ins Spiel.

land. Nach einem Raubzug im 12. Jahrhundert brachten gefangene byzantinische Weber die Kunst der Seidenherstellung nach Sizilien. Ein Jahrhundert später siedelten die Nachfahren dieser Weber nach Lucca über. Für die nächsten hundert Jahre gehörte die toskanische Stadt zu den bedeutendsten Zentren der Seidenweberei, bis schließlich rivalisierende Manufakturen in Venedig, Florenz und Genua denen in Lucca den Rang abliefen.

Dort wurde eine große Bandbreite an Seidenprodukten hergestellt: feine Gazeseide, luxuriöser schwerer Damast, prächtiger Samt, Seidenköper, Satin und das legendäre golddurchwirkte Tuch, in das mit vergoldeten Pergament- oder Häutchenstreifen umwickelte Seiden- oder Leinenfäden gewebt wurden. Zu Recht gerühmt wurden ebenfalls der aufwändig gewebte Seidensamt und der prachtvolle Brokat, aus denen nicht nur Wandteppiche und Baldachine, sondern auch Kleider angefertigt wurden. Auf Gemälden ist die herrschaftliche Tracht jener Zeit mit Umhang, Hut und Wams detailliert festgehalten.

Im 17. Jahrhundert entschied Colbert, der Staatsminister Ludwigs XIV., in Frankreich, das bis dahin ein Großabnehmer italienischer Seidenwaren gewesen war, eine eigene Seidenmanufaktur zu gründen, und zwar im südfranzösischen Lyon. Die französischen Seidenstoffe entbehrten vielleicht manchmal der erhabenen Pracht italienischer Webkunst, aber aufgrund ihrer Leichtigkeit und Dessinvielfalt kamen sie bald überall in Mode: In einem 1762 in Brüssel veröffentlichten Führer hieß es, dass die Produkte der Lyoner Seidenmanu-

faktur einzig von den Erzeugnissen der Manufakturen in Spitalfields, London, übertroffen würden.

Gegen Ende des 17. Jahrhunderts traten in den meisten eleganten europäischen Wohnsitzen Wandbehänge aus Stoff, häufig aus gewebter Seide, an die Stelle der schweren Teppiche des 16. Jahrhunderts. Prächtiger Damast in tiefen, dunklen Farbtönen war ebenso verbreitet wie ungemusterter Stoff in zarten Rosa- und Grünnuancen. Auch für Vorhänge sowie die neuen bauschigen Feston-Jalousien fand Seide Verwendung.

Inzwischen hatte die englische Seidenindustrie an Bedeutung gewonnen, denn seit 1600 waren zahlreiche hugenottische Weber vor den beständigen Repressalien in Frankreich geflohen und hatten in England Zuflucht gefunden, insbesondere nachdem Ludwig XIV. 1685 das Edikt von Nantes widerrufen hatte. In Macclesfield, Norwich und im Londoner Stadtteil Spitalfields wurden Seidenwebereien gegründet. Die stilvollen Seiden von Spitalfields waren von erstklassiger Qualität und brauchten den Vergleich mit Lyoner Produkten nicht zu scheuen.

Ein Hauch von Exotik

Es ist verhältnismäßig einfach, alte Seidenstoffe zu finden, aber leider sind sie nur selten in gutem Zustand. Es ist deshalb einfacher, sich an neuere Stoffe wie beispielsweise indische Sariseide zu halten. Einige Bahnen des leuchtend farbigen Gewebes verleihen fast jedem Dekor einen Hauch von Raffinesse. Dabei empfiehlt es sich, etwa für eine Fensterdekoration statt einer einzigen Seidenbahn zwei oder drei durchscheinende Stoffe übereinander zu hängen und sie mit einem Seidenstreifen zu raffen, sodass die verschiedenfarbigen Schichten sichtbar werden. Auch durch das Drapieren transparenter Seide über einen dickeren Stoff wie etwa eine Tagesdecke oder über einen Stuhl oder ein Sofa lassen sich schöne Effekte erzielen. Als Tischdecke erzeugt ein Seidenstoff ein Flair von Luxus.

Beim Verarbeiten alter Seidenstoffe ist zu beachten, dass diese Textilien sehr empfindlich sind. Deshalb sollten sie vorwiegend zu Dekorationszwecken verwendet und nicht übermäßig strapaziert werden.

Rechts: In der schattigen Ecke eines indischen Innenhofes setzt ein gewebter Saristoff auf dem Holzstuhl einen lebhaften Akzent. Er harmoniert perfekt mit den orangefarbenen Blüten.

Ganz rechts: Diese Kissenbezüge stellte Kirsten Hecktermann aus Resten alter Textilien her. Die Fragmente wurden von Hand auf größere Stücke handgefärbter Seide genäht, die sorgfältig ausgewählt wurden, um den Glanz der alten Stoffe zu unterstreichen.

Quilts und Applikationen

Quilts und Applikationsarbeiten sind ein besonders schöner Zweig der Textilkunst. Einfarbige Quilts entstehen, wie das Wort *to quilt* sagt, durch das Aufsteppen von Mustern und Motiven mit den verschiedensten Stichen. Doch Quilts lassen sich auch in Patchworktechnik oder mit Applikationen herstellen. Stoffreste können so in herrliche Kunstwerke verwandelt werden.

Rechts: In Zeiten ohne Zentralheizung hatten die Menschen Eiderdaunen und Quilts in kalten Nächten bitter nötig. Die komplexen Muster, die Anfang des 20. Jahrhunderts erstmals in Mode kamen, feiern heute ein Comeback. Hier eine moderne Version aus indischem Baumwollstoff vor einem hohen gepolsterten Kopfteil. Die leuchtend bunten Kissenbezüge aus Seide mit aufgenähten Spiegelstückchen und Pailletten nehmen die Farben des Quilts auf.

Ganz rechts: Eine Detailaufnahme desselben Quilts: Die kreisförmigen Steppnähte betonen das applizierte Motiv im Zentrum.

Beim Steppen von Quilts werden zwei oder drei Lagen Stoff aufwändig zu warmen Decken verarbeitet. Während des 18. und 19. Jahrhunderts bestanden sie aus einer Woll- oder Baumwollhülle, auf die mit kleinen Stichen Muster gesteppt wurden, und einem Futter aus demselben Material; gefüllt wurden sie mit Wolle, Baumwolle, einer Decke oder sogar alter Kleidung.

Die ersten Quilts

Als Inbegriff dieser textilen Kunstwerke gilt gewiss der amerikanische Quilt, doch können auch andere Länder, besonders England und Wales, auf eine lange Tradition des Quiltens zurückblicken. Mit den Auswanderern des 18. Jahrhunderts gelangte diese Technik nach Amerika. Frühe englische Quilts, die dekorativen wie praktischen Zwecken gleichermaßen dienten, wiesen bis zu sechs baumwollene Zwischenschichten auf und waren sehr schwer und warm. Manche Exemplare wurden nur aus Stoffresten zusammengenäht, doch die meisten bestanden aus einem großen

Stück Baumwollstoff, der mit unzähligen gesteppten Blättern, Muscheln und Fächern verziert wurde.

Die Decken wurden entweder zu Hause oder von professionellen Quiltnäherinnen hergestellt, die durch die ländlichen Gegenden zogen. Heute sind diese frühen Exemplare bei Sammlern heiß begehrt, besonders die aus Durham, Northumberland und Südwales. Stil und Technik variierten von Region zu Region: Im Nordosten Englands schätzte man feine Steppstiche, im Nordwesten Patchwork, auf der Isle of Man Zickzackmuster, in Wales arbeitete man viel mit muschel- und spiralförmigen Mustern, und im Norden Englands waren symmetrische Blattmotive beliebt. Mit all diesen unterschiedlichen Ornamenten stellten die Näherinnen eindrucksvoll ihr Können zur Schau.

Neben diesen einfarbigen Steppdecken gab es auch die aus verschiedenen Stoffen zusammengesetzten Patchwork-Quilts. Die frühen englischen Exemplare bestanden oft aus Rechtecken unterschiedlich bedruckter Baumwollstoffe, die in formaler Ordnung oder scheinbar willkürlich aneinander gefügt wurden. Viele dieser Quilts wurden aus Stoffresten und abgelegten Kleidern gefertigt. Immer erfolgten Farbwahl und Anordnung der Stoffstücke mit Bedacht im Hinblick auf das spätere Erscheinungsbild.

Applikationen

Mit Hilfe der Applikationstechnik lassen sich die vielleicht kreativsten Patchwork- und Stepparbeiten herstellen. Bei raffinierteren Werken werden nicht nur ausgeschnittene Stoffstücke auf einen Untergrund genäht, sondern auch Verzierungen wie Pailletten und Perlen, Knöpfe und Borten appliziert. Macht man sich darüber hinaus die Mühe, mit Seiden- oder Wollgarn Blumen- und Blättermotive aufzusticken, zaubert man wahre Schmuckstücke.

Die aus der Notwendigkeit geborene Kunst des Quiltens wurde zu einem beliebten Zeitvertreib für die vornehmen Damen des ausgehenden 18. Jahrhunderts. Lord Byrons Schwiegermutter Lady Milbanke riet einer Freundin im Jahre 1798: »Lege dein Spinnrad zur Seite und … verwende eine Guinee auf kleine Leinenstücke, Borten, Chintz mit Blumen und Blättern … sie werden in Sechsecke geschnitten und auf besondere Art mit Weiß kombiniert …« Besagte Damen verbanden Patchwork und Applikation und schufen Quilts mit kunst-

Links: Dieser Quilt – von Anna Bonde über einen kleinen Tisch gebreitet (dahinter schlichte Leinenvorhänge) – besticht durch gedeckte Farben und aufwändige Steppmuster. Beim Nähen wurden drei ähnliche Stoffreste mit Baumwolle unterfüttert.

Oben und rechts: Dieser raffinierte Wandschirm mit Applikationen wurde aus einem marokkanischen Gewebe des 18. Jahrhunderts gearbeitet, das ursprünglich als Wandbespannung diente. Der Sessel aus den 1930er Jahren hat bis heute nichts von seinem Charme verloren.

vollen, zarten Mustern. Als das Quilten immer beliebter wurde und man selbst Chintzreste zu Applikationen verarbeitete, begannen geschäftstüchtige Stoffdrucker in London und Nordamerika, Stoffe zu entwerfen, aus denen Motive für das zentrale Medaillon eines Quilts nur noch ausgeschnitten werden mussten.

An Patchwork-Quilts lässt sich die Entwicklungsgeschichte von Mustern und Ornamenten, von Druck- und Färbetechniken sehr anschaulich nachvollziehen. Manchmal verbergen sich auf ihrer Innenseite alte Papierschablonen, nach denen der Stoff zugeschnitten wurde. Mit ihrer Hilfe lässt sich nicht nur das Alter des Quilts bestimmen, sie geben uns auch einen Einblick in das Alltagsgeschehen von damals, da sie oft aus alten Plakaten und Nachrichtenblättern gefertigt wurden.

Im frühen 19. Jahrhundert entwickelte sich eine wahre Patchwork-Manie. Bedrucktes Material war dank der neuen Rouleauxdruckmaschinen leicht verfügbar. Außerdem wurde seit dem Jahr 1785 in Schottland ein auffallender, strahlender Rotton mit dem Namen »Turkey Red« hergestellt: Er galt als lichtecht und wurde als Kontrastfarbe zu Weiß sehr populär. Viele Quilts mit rot-weißen Dessins aus dieser Zeit sind bis heute erhalten.

Amerikanische Quilts

Der älteste Quilt Nordamerikas war ein Patchwork-Quilt mit Applikationen. Er wurde 1685 in Massachusetts schriftlich registriert und war vermutlich importiert. Im 17. und 18. Jahrhundert führte Amerika fast alle Quilts aus England ein. Sie galten als kostbare Prunkstücke eines Haushaltes. Doch da die frühen Siedler nichts zu verschwenden hatten und bemüht waren, alles, insbesondere Stoffreste und alte Kleidung, wieder zu verwenden, entwickelte sich bald schon eine eigene Tradition des Quiltens.

Als der Lebensstandard stieg und Stoffe kreativer gestaltet und billiger wurden, entwickelten die Siedlerinnen das Quilten zu einer echten Kunst weiter. Charakteristische Muster entstanden, und man fand sich in Gruppen zusammen, um gemeinsam an einem Prachtstück für einen besonderen Anlass zu arbeiten. Der amerikanische Unabhängigkeitskrieg trieb die Verbreitung der Heimarbeit voran, und Amerika begann erstmals Gewebe selbst herzustellen. Luxuriöse Materialien wie Kaliko, Seide und Chintz wurden in zunehmendem Maße importiert. Gegen 1825 erlebte die Quiltherstellung ihre Blütezeit. Typisch für diese Epoche sind präzise Musterentwürfe sich wiederholender Motive sowie sehr individuell gestaltete Applikationen. Die Namen der Muster beschreiben treffend Details aus dem Alltag der Siedlerfrauen: »Broken Dishes« (zerbrochenes Geschirr), »Flying Geese« (fliegende Gänse), »Bear's Paw« (Bärentatze) oder »Log Cabin« (Blockhaus).

Quilts waren Teil der Aussteuer und wurden von der zukünftigen Ehefrau, von Familienmitgliedern und Freundinnen gemeinsam bei so genannten *quilting bees* (Quilt-Treffen) genäht. Bei der Anfertigung eines Album-Quilts gestaltete jedes Mitglied der Gruppe jeweils ein Feld persönlich.

Eine Sonderstellung nehmen die Werke der Amish-Frauen ein, die vor allem ihrer handwerklichen Qualität und ihrer einmaligen Farben und Muster willen geschätzt werden. Die Amish gehören als Glaubensgemeinschaft zu den Wiedertäufern, deren Leben vom Verzicht auf die Annehmlichkeiten der modernen Welt bestimmt ist. Sie stammen ursprünglich aus dem deutschsprachigen Raum und wanderten im 19. Jahrhundert nach Amerika aus, um sich in Pennsylvania und Ohio niederzulassen. Die Amish stellten die meisten Alltagsgegenstände selbst her, und bis zum Ende des 19. Jahrhunderts wurde in ihren Siedlungen noch per Hand gefärbt und genäht. Dabei bildeten sich unterschiedliche Traditionen heraus: Die Amish in Pennsylvania bevorzugten kräftiges, dunkles Blau, Purpur und Grün und schufen große geometrische Muster, während in Ohio eine Palette von helleren Grün- und Rosatönen und zum Teil Gelb vorherrschte.

Rechts: Der farbenfrohe Quilt mit Seekompassmotiv aus dem Shenandoah Valley entstand im 20. Jahrhundert. Der amerikanische Stuhl, über den er drapiert wurde, stammt aus dem späten 18. Jahrhundert.

Links: In modernem Ambiente bedürfen alte Quilts kaum ergänzender Dekoration. Die Bahnen aus altem Leinen, die das Bett rahmen, werden mit Kordeln gerafft. Der ausgeblichene französische Patchwork-Quilt hebt sich dezent von dem niedrigen Kopfteil aus Fichtenholz ab.

Rechts oben und ganz rechts: Bunter Kulturmix: Der Baumwoll-Quilt stammt aus Bhutan, der Bettüberwurf von einem ägyptischen Basar, die Wolldecke aus Finnland. Die spitzenbesetzten Laken, traditionelle Meisterwerke von den Kanarischen Inseln, bilden dazu einen reizvollen Kontrast.

Mit der Zeit wurden die Muster amerikanischer Quilts immer komplizierter. Oft gruppierten sie sich um ein Medaillon in der Mitte und nahmen von dort ihren Ausgangspunkt. Auch Blockmuster mit ›avantgardistisch‹ angeordneten Quadraten und Dreiecken waren sehr beliebt.

Quilts als Raumschmuck

Alte, gut erhaltene Quilts ergeben auch heute noch herrliche Bettüberwürfe.
Da moderne Doppelbetten in der Regel breiter sind als die des 19. Jahrhunderts, werden die Quilts meistens nicht die ganze Länge oder Breite abdecken, aber man kann sie über eine größere, farblich harmonierende Decke oder gefaltet über das Bettende legen. Außerdem lassen sie sich wunderbar zu Bezügen verarbeiten oder als Tischdecke benutzen – besonders unter einer weißen Decke mit Durchbruchstickerei. Ein prächtiger Quilt mit Applikationen kann, eventuell auf einen Stab gezogen, als Wandbehang dienen oder ein Treppenhausgeländer schmücken.

Die Steppnähte sind bei der Weiterverarbeitung eines alten Quilts – etwa zu Kissenbezügen – sehr hilfreich. Geschickt am Kopfende eines Bettes drapiert, bietet ein Quilt eine bequeme Lehne. Wer ihn allerdings in seiner ganzen Pracht bewundern möchte, hängt ihn besser hinter dem Bett auf. Auf ähnliche Weise lassen sich Quilts anstelle von herkömmlicheren Draperien für Himmelbetten verwenden.

Bemalte Stoffe

Handbemalte Textilien erfreuen sich seit langem großer Beliebtheit – vor allem bei Verwendung qualitativ hochwertiger, zarter Farben. Der Ferne Osten, insbesondere Indien und China, war in der Kunst der Stoffbemalung dem Abendland weit voraus. So existierte zwischen Indien und Persien bereits im 15. Jahrhundert ein florierender Handel mit bemalten Textilien. In Indien war es schon lange zuvor gelungen, resistente Färbemittel herzustellen und Stoffe in leuchtenden, lebhaften Farben zu bemalen, denen Wasser nichts anhaben konnte.

Oben: Ein kleines Stück bemalter Leinwand bildet die ungewöhnliche Sitzfläche für den Holzhocker aus dem 19. Jahrhundert. Das gemalte Blattmotiv auf dem Stuhlrahmen ähnelt dem der Leinwandauflage.

Links: Eine breite Leinwand aus Mexiko mit floraler Bemalung schmückt als originelle Dekoration das Kopfende eines Bettes. Der bedruckte ostindische Shawl ist in ähnlichen Tönen gehalten. So wird Farbe zum Verbindungsglied zwischen zwei Kulturen.

Elegante Interieurs

Im 17. Jahrhundert verschifften westliche Handelsgesellschaften bemalte Textilien in rauen Mengen in Richtung Heimat. Die Tagebücher englischer Damen, wie das der unermüdlichen Mrs Libby Powys aus dem 18. Jahrhundert, sind voll von Beschreibungen atemberaubender Wandbehänge.

Bemalte indische Kalikos, bekannt unter dem Namen *palampores*, stellten damals als Bettdraperien sowie als Vorhänge und Wandschmuck eine beliebte Alternative zu den üblichen gewebten oder bestickten Textilien dar. Man war davon überzeugt, typisch fernöstliche Motive vor sich zu haben, während die Händler in Wahrheit dafür sorgten, dass die indischen Künstler ihre traditionellen Darstellungen dem aufblühenden westlichen Markt anpassten. In Blüte stehende Bäume, Blumen- und Straußmotive stehen zwar in der fernöstlichen Tradition, entsprechen jedoch zugleich westlichen Vorstellungen von fernöstlicher Kunst.

Malereien auf Leinwand, Papier oder Satin aus China und Indien waren als Dekor für Salons und Esszimmer sehr gefragt. Mitte des 18. Jahrhunderts kamen bemalte Stoffe europäischer Fertigung auf den Markt, teils in Reaktion auf diese Schwemme fernöstlicher Produkte, teils aufgrund eines neu erwachten Interesses an Mustern und Ornamenten, hervorgerufen durch die Vielfalt der inzwischen erhältlichen bedruckten Baumwollstoffe. Die neuen Stoffe kamen aus Italien, Frankreich und England. Leichter als Brokat, doch sicherlich nicht weniger kostspielig, entsprachen sie dem zeitgenössischen Geschmack. Besonders Malereien auf Seide galten als äußerst *sophisticated*. Beliebt waren bemalte Stoffe vor allem als Jalousien. Gerade Seidenstoffe filtern das Licht ausgezeichnet, während sich zugleich die Schönheit der aufgemalten Motive entfaltet, doch auch schwerere Kaliko-, Chintz- und Leinenstoffe wurden für Jalousien verwendet. Oft spannte man auch nur ein Stück bemalten Stoffes, auf dem idealisierte Landschaften, Vögel, Blumen und Blätter dargestellt waren, über die untere Hälfte des Fensters. Die pastorale Mode des späten 18. Jahrhunderts – der Epoche der hübschen *cottages*, in der adlige Damen sich in der Rolle der Schäferin gefielen – brachte eine Begeisterung für *toiles peintes* mit sich.
Für ein ländliches Interieur waren indische bemalte Baumwollstoffe oder bedruckte englische Imitationen gut genug, doch für raffinierte Palais wie das Château Bellevue von Madame de Pompadour musste es schon herrlicher chinesischer Seidentaft sein, der in Frankreich als Pekingseide bekannt war. Dieser Taft war so beliebt, dass manchmal ganze Sitzgarnituren damit bezogen wurden. Mitte des 19. Jahrhunderts kamen

Rechts: Auch wenn der hauchdünne bemalte Voile durch Sonnenlicht stark ausgeblichen ist, entfaltet er in Verbindung mit der zierlichen Quaste einen ganz eigenen Charme.

Springrollos wieder in Mode. Man verwendete dafür schottischen Kambrik oder zarten Baumwollbatist, der sich nach Herzenslust bemalen ließ.

Im 19. Jahrhundert kam als Alternative zu Teppichen Linoleum als Bodenbelag in Mode. Das Material wurde entweder mit individuellen Motiven bemalt, oder man imitierte Muster eines Teppichs, der an anderer Stelle im Raum lag.

Gelungene Inszenierungen

Wenn Sie das Glück haben, alte bemalte Textilien zu finden, sollten Sie diese schönen Raritäten in Ehren halten. Bei der Präsentation ist es wichtig, darauf zu achten, dass die Bemalung in ihrer Gesamtheit sichtbar ist. Deshalb kommt bemalter Stoff am besten zur Geltung, wenn man ihn etwa an einem Wandschirm befestigt oder auf einem Paneel hinter dem Bett oder an einer Tür anbringt. Brüchige Materialien sollten vor dem Aufhängen verstärkt werden. Ein empfindliches Stück ist am besten in einem Rahmen an der Wand aufgehoben.

Oben: Anna Bonde kam auf diese geniale Lösung: Sie heftete das schöne alte Stück bemalter Leinwand kurzerhand als ›Bild‹ an eine Schranktür.

Rechts: Überraschenderweise bildet die raue Holztür genau den richtigen Kontrast zu den geschwungenen Linien der gemalten Blumen.

Bedruckte Stoffe

Das heutige reiche Angebot an bedruckten Stoffen lässt leicht in Vergessenheit geraten, dass über Jahrhunderte hinweg Muster in den Stoff ge*webt* wurden. Es gibt einige Beispiele früher Textildruckkunst, für die relativ simple Modeln benutzt wurden. Noch im 17. Jahrhundert bedruckte man in England Baumwolle oder Leinen mit Holzmodeln, die mit einer dicken Farbpaste gesättigt und dann auf das Gewebe gepresst wurden. Beim Aufbringen wurde allerdings nur ein geringer Teil der Farbe vom Gewebe aufgenommen.

Diese frühen bedruckten Stoffe ließen sich, wenn überhaupt, nicht sehr gut waschen und wurden vermutlich als billige Alternative zu gewebten Wandbehängen gehandelt.

Chintz

Ab dem 16. Jahrhundert gelangten vereinzelt gemusterte *pintados* und Kalikos nach Europa und sorgten aufgrund ihrer perfekten Optik für Furore. Sie wurden damals manchmal als Chintz bezeichnet. Der Begriff leitet sich von dem Hindi-Wort *chīnt* her und bedeutet »bunt bedrucktes Gewebe«. Heute verwendet man »Chintz« als Oberbegriff für mehrfarbige, oft hochglänzende Stoffe.

Damals erzeugte man die Muster mit Hilfe der Reservefärbung. Dabei brachte man auf Teile des Stoffes Wachs auf, das nach dem Färben mit kochendem Wasser entfernt wurde und ein gestochen scharfes Muster zurückließ.

Im 17. Jahrhundert hatten Handelsgesellschaften wie die berühmte Ostindische Kompanie aus den sporadischen Importen ein stetiges florierendes Geschäft gemacht. Wie im Falle des chinesischen Blau-Weiß-Porzellans überstieg die Nachfrage das Angebot – was die Textilfabrikanten im Westen dazu ermutigte, die Kalikodrucke nachzuahmen. So entstanden gegen Ende des 17. Jahrhunderts die ersten Kalikodruckereien.

Die seit langem etablierten Woll-, Leinen- und Seidenhersteller in England und Frankreich sahen sich durch deren Erfolg bedroht und forderten ein Verbot für das Bedrucken von Baumwollstöffen (1686 in

Rechts oben: Strahlender Sonnenschein verlangt nach leuchtenden Farben; daher sind bunt bedruckte Stoffe im Freien genau das Richtige. Dieses modelbedruckte französische Leinentuch aus dem 19. Jahrhundert mit einem gestreiften Einsatz hat noch die originale Fransenbordüre.

Rechts und ganz rechts: Viele Sammler kreieren lieber immer wieder neue Arrangements, statt ihren Lieblingsstücken einen festen Stammplatz zuzuweisen. Hier wurde ein schöner portugiesischer Chintz aus dem späten 18. oder frühen 19. Jahrhundert über einen alten Stuhl mit gerader Lehne gebreitet. Die Fransenborte aus Baumwolle unterstreicht das lebhafte, für die Epoche typische Längsstreifenmuster.

NDANI SIJUI WEWE JIRANI

Frankreich, 1700 in England). Ihre Proteste fanden Gehör. In Frankreich durfte bis 1759 und in England bis 1774 keine Baumwolle mehr bedruckt werden, was die Industrie in ihrer Entwicklung selbstverständlich zurückwarf.

Als das Verbot schließlich aufgehoben wurde, nahm man in England, Irland und Frankreich die Produktion wieder auf. Als einer der erfolgreichsten Fabrikanten etablierte sich Christophe-Philippe Oberkampf. Die Baumwollstoffe aus seiner Manufaktur in Jouy bei Versailles wurden ihm aus den Händen gerissen. Viele Muster waren inspiriert von den populären *indiennes*, doch am bekanntesten ist Oberkampf für seine unverwechselbaren einfarbigen Drucke in Purpur, Sepiarot oder Chinesischblau auf neutralem Grund. Dank der Ausmaße der Kupferplatten, die man nun zum Drucken benutzte, waren Muster bis zu einem Quadratmeter Größe möglich, und da konnte das herkömmliche Modelverfahren nicht mithalten. Oberkampf ließ nun ganze Bildergeschichten entwerfen oder Szenen aus Gemälden und Buchillustrationen wiedergeben. Die mythologischen oder historischen Darstellungen waren stets sehr idyllisch und wurden überall kopiert. Noch heute bezeichnet man einfarbig bedruckte Stoffe dieses Stiles ungeachtet ihrer Herkunft als Toiles de Jouy.

Die Weiterentwicklung der Drucktechniken

Im späteren 18. Jahrhundert wurde der Rouleauxdruck entwickelt und verdrängte den Plattendruck völlig. Die Blütezeit des Rouleauxdrucks lag wohl zwischen 1815 und 1835. Im Vergleich zum Plattendruck ermöglichte er die Kreation weitaus detaillierterer Muster. Die Walzen wurden zu Anfang von Hand graviert, später mit Hilfe einer kleinen zylindrischen »Mühle«, und druckten manchmal nur die Umrisse eines Musters, das dann in farbigem Modeldruck ausgefüllt wurde. Die Größe der Walze beeinflusste natürlich auch die Maße des Druckstoffes.

Im ausklingenden 18. Jahrhundert experimentierte man mit den dekorativen Möglichkeiten dieser neuen Baumwolldrucke, besonders bei der Herstellung prächtiger Quilts. Viele Patchwork-Quilts weisen ein großes zentrales Medaillon auf, gewöhnlich ein Quadrat oder eine Raute, für das sich die detailreichen Chintze mit Motiven wie Blumenkörben, Füllhörnern und dergleichen anboten. Die Begeisterung für Patchworkarbeiten hielt bis weit ins 19. Jahrhundert hinein an, und die Entwicklung neuer Dessins für Baumwolldrucke trug ihren Teil dazu bei.

Bedruckte Textilien spiegeln von jeher den Zeitgeist ihrer Epoche wider. Die Gesellschaft des 18. Jahrhunderts war fasziniert von den Geheimnissen des Fernen Ostens, und die überall anzutreffenden indischen Motive – etwa der Lebensbaum oder das typische Paisleymuster – wurden wieder und wieder variiert. Auch Imitationen der kostbaren handbemalten Täfelungen aus China waren sehr beliebt. Im Zuge der Ausgrabungen in Pompeji und Herculaneum fanden bald klassische Motive, aber auch Grotesken im Stile Raffaels und Abbildungen korinthischer Säulen Eingang in den Stoffdruck.

In Nordamerika importierte man bis Ende des 18. Jahrhunderts bedruckte Stoffe aus Europa, doch dann begann die Textil-

Links ganz oben: Auch im Freien machen edle Textilien oft viel her. Die Muster auf Kissen und Tuch sind typisch für bedruckte Baumwollstoffe aus Ostindien.

Links oben: Diese hölzerne Liege mit Kissen, die mit ausgeblichenen Druckstoffen bezogen wurden, lädt zu einem Nickerchen ein.

Rechts: Eine exzentrische Dekoration: Die zarte Spitze aus dem 19. Jahrhundert legt einen sanften Schleier über das Blumenmuster des zeitgenössischen Polsterstoffes.

Ganz links: Karierte Baumwolle aus den 1950er Jahren bildet den Hintergrund für eine Bahn kenianischer Baumwolle, die normalerweise für traditionelle Kopfbedeckungen zugeschnitten wird. Man erkennt eine der schwarzen Rapportlinien.

industrie auch dort aufzublühen, und man entwarf neben Dessins im europäischen Stil völlig eigenständige Dessins, etwa klein gemusterte Kalikos und patriotische Drucke mit Medaillons, die berühmte Amerikaner und Schlachtenszenen darstellten.

Das Kombinieren bedruckter Stoffe

Heutzutage steht uns eine Fülle alter bedruckter Stoffe zur Verfügung, oft in Gestalt von Vorhängen oder Bettdecken. Wenn man das Glück hat, alte bedruckte Baumwollvorhänge aufzuspüren, deren Farben von der Sonne sanft ausgebleicht sind, sollte man sie keinesfalls zerschneiden, selbst wenn sich nicht sofort ein geeignetes Fenster für sie finden lässt.

Bedruckte Stoffreste können als zentrales Motiv in einem schlichten Quilt oder, in gleich große Stücke geschnitten, für Patchworkarbeiten dienen. Aus relativ großen Teilen lassen sich Bespannungen für die Kopfenden von Betten herstellen. Auch als Kissenbezüge kommen alte Stoffe zu neuen Ehren: Unterschiedliche Muster fallen nicht unangenehm ins Auge, wenn sie in ähnlichem Maße verblasst sind, im Gegenteil. Reicht der Stoff nur für die Vorderseite des Bezuges aus, lässt sich die Rückseite mit einem neuen Stück Stoff ergänzen. Im Allgemeinen wirken alte bedruckte Baumwollstoffe besser, wenn sie mit anderen Baumwolltextilien statt mit schwereren Geweben wie Wolle oder sehr viel leichteren wie Seide kombiniert werden. Sind bereits Farben und Muster sehr unterschiedlich, sollte zumindest bei Gewicht und Textur der Stoffe auf Einheitlichkeit geachtet werden.

Rechts: Der blasse, gewollt unauffällige Bezugsstoff wirkt an diesem prächtigen vergoldeten Armlehnsessel sehr hübsch. Um diese Wirkung zu betonen, wurde für das Kissen ein ähnlich gemusterter, jedoch farbenfroherer Stoff gewählt.

Links: Für Kissenbezüge lassen sich häufig Stoffreste verwenden. Mehrere Kissen mit unterschiedlich gemusterten Hüllen wirken auf einem Sofa mit schlichtem Bezug zauberhaft. Der Überwurf über der Rückenlehne besteht aus demselben Stoff wie eine der Kissenhüllen und hält das Ensemble zusammen.

Unten: Nathalie Hambro stapelt gerne Baumwollkissen der französischen Manufaktur Braquenié, um sie ins rechte Licht zu rücken.

Webstoffe

Dem Weben von Stoffen haftete schon immer etwas Magisches an. Einst gab es ein beliebtes Kinderspielzeug, vergleichbar mit einem stark vereinfachten Webstuhl. Es bestand aus einer großen Nadel und ein paar senkrechten Stäben, mit deren Hilfe man Wollstränge oder Garn zu einem korbartigen Gebilde verwebte. Nach und nach entstand daraus ein wollenes Gewebe.

Die Kunst des Webens blickt auf eine lange, interessante Geschichte zurück. Man geht davon aus, dass Wollstoffe im Nahen Osten schon zwischen dem 10. und 4. Jahrtausend v. Chr. gewebt wurden, und nach neuesten Forschungen vermutet man sogar, dass im Paläolithikum zwischen 27000 und 20000 v. Chr. Höhlenmenschenfrauen in Mitteleuropa kurze Kleider aus gewebtem Flachs oder anderen Fasern trugen. Fundstücke aus antiken Grabkammern belegen, dass zumindest vor zweitausend Jahren Webstoffe nicht nur für alltägliche Zwecke, sondern auch als Schmuck und als Symbol der Würde verwendet wurden. Noch heute benutzt man in vielen Teilen der Erde zum Weben einfache, traditionelle Handwebstühle.

Gewebe aus aller Welt

Im ursprünglichen Amerika hat das Weben eine lange Tradition. Indianer stellen seit langem gewebte Umhänge, Taschen und andere Kleidungsstücke her und fertigen raffinierte Borten oder Flechtwerke. Auch bei der Wahl der Materialien fehlt es ihnen nicht an Erfindungsgeist: Je nach Lebensraum des Stammes wird beispielsweise Haar von Büffel, Elch, Opossum oder Bergziege verarbeitet oder der Flaum von Katzenschwänzen; der Stamm der Salish an der Nordwestküste verwebt das Haar einer kleinen weißen Hunderasse, die speziell für diesen Zweck gezüchtet wird. Außerdem verwendet man Hüllblätter von Mais, Bärengras, indianischen Hanf sowie Rindenbast von Maulbeerbaum oder Zeder.

Die Webkunst der Pueblo-Indianer im Südwesten wird in ganz Nordamerika gerühmt. Jeder Stamm verfügt über seine eigenen Webtechniken und Motive. So ist das Rautenmuster typisch für die Borten der Hopi-Kleider. Vielseitig verwendbare Tücher sind weit verbreitet. Am bekanntesten sind vielleicht die aparten, in Farbe und Muster ausgewogenen Tücher der Navajo-Indianer.

Zunächst dominierten in Webstoffen natürliche Wolltöne von Creme bis Beige. Als im späten 19. Jahrhundert leuchtende synthetische Farbstoffe aufkamen, übernahmen die Navajo-Weber sie, ohne lange zu zögern. Damit war der Grundstein für ihre heute als so typisch geltenden kräftigen geometrischen Muster gelegt. Im mittelamerikanischen Guatemala webten die Maya,

Rechts: Nichts kommt der Ausdruckskraft afrikanischer Textilien gleich. In dem schmalen Flur lassen sich an mehreren Beispielen unterschiedliche Webtechniken bewundern: Der Stoff ganz links wurde im Bindebatikverfahren hergestellt, das überall in Afrika üblich ist; in der Mitte hängt ein herrliches Kente-Tuch und rechts ein Stoff des in Zaire beheimateten Bantustammes der Kuba. Zu den Fliesen aus dem 19. Jahrhundert könnten diese Textilien nicht besser passen.

Links: Die bezaubernden Erdtöne des seidenen Kente-Stoffes mit seinen gemusterten Abschnitten erzeugen eine warme, heimelige Atmosphäre. Der Fries, der den tristen Streifen zwischen Türsturz und Rahmen so wunderbar verschönert, stammt aus Indien.

Rechts: Ein atemberaubendes Arrangement: ein italienisches Sofa aus dem 18. Jahrhundert, ein edles französisches Tuch und ein üppig dekorierter venezianischer Spiegel.

Oben: Die alten, verblassten Damastvorhänge rahmen den Blick in ein stimmungsvolles Refugium, das eine Vielzahl von Stoffen beherbergt. Doch der Schein trügt: Der kleine Vorhang über dem Ruhebett verbirgt Bücher, Ordner und andere Alltagsgegenstände.

Rechts: Ein ehrwürdiger Ohrensessel aus dem 18. Jahrhundert verlangt nach einem edlen Bezugsstoff wie diesem Seidendamast.

Unten: Üppige französische Seidenvorhänge aus dem 19. Jahrhundert machen auf diesem Sofa eine zweite Karriere. Lynn von Kersting drapierte sie, ohne sie zuvor zuzuschneiden, und so verbreiten sie mit ihrer eleganten Fransenborte einen Hauch von Theatralik.

jene bedeutende Zivilisation, die vom 4. bis ins 10. Jahrhundert ihre Blütezeit erlebte, Baumwollgewänder für ihre Priester und Fürsten. Die klaren Entwürfe stellen über das Tuch verstreute Vögel, wilde Tiere oder Menschen und Blumen dar.

Ecuador, Peru und Bolivien sind bekannt für ihre traditionsreichen, hochwertigen Textilien. Schon lange vor Christi Geburt kam dort bei den verschiedenen Stämmen und Kulturen der Brauch auf, Stoffe zu weben und zu verzieren. Die ältesten Stoffe, die man in Peru fand, sind aus Baumwolle und werden auf mindestens 4500 Jahre geschätzt – obwohl Baumwolle dort erst zwischen dem 8. und dem 11. Jahrhundert als Nutzpflanze kultiviert wurde. Die Peruaner verwebten oft auf Rückengurtwebgeräten eines der feinsten bekannten Garne. Während der Herrschaft der Inkas vom 13. bis zum 15. Jahrhundert legten Priester und Herrscherschicht Wert auf Statussymbole wie feine Gewebe und Teppiche, um sich von den für sie arbeitenden Bauern abzuheben. Die Inka-Herrscher besaßen, kontrollierten und verteilten die gesamte Wolle und verlangten gewebte Wollstoffe als Tribut. Im heutigen Peru stellen ihre noch immer Quechua sprechenden Nachfahren Gürtel, zeremonielle Tücher, Umhänge, Ponchos und Ponchitos im kolonialen sowie vorspanischen Stil her. Ponchitos sind meist rechteckige Tücher, die zu den verschiedensten Kleidungsstücken verarbeitet werden können: Sie werden in Längsbahnen aneinander genäht, deren Breite den Schnitt des Gewandes festlegt.

Bis zur Ankunft der spanischen Eroberer im 16. Jahrhundert waren traditionelle Webwaren aus Lama- oder Baumwolle in

Rechts: Auf den ersten Blick mag dieses Arrangement allzu bunt wirken. Doch der gedeckte zeitgenössische Leinenbezug bildet einen ausgleichenden, neutralen Hintergrund für das schöne Kissen aus ockerfarbenem venezianischem Webstoff mit rot-grünem Motiv und das schwarze französische Seidenkissen im chinesischen Stil mit den hübschen gestickten Laternen.

Oben: Das gestreifte Schultertuch in satten Farben besteht aus feiner syrischer Seide. Ein Stück wie dieses sorgt auch vor dem nüchternsten Hintergrund für Lebendigkeit.

Rechts oben: Kissen in Petit point zu besticken war in der Viktorianischen Zeit eine schickliche Beschäftigung für Damen. Noch heute erfreuen sich solche Kissen großer Beliebtheit und sind unschwer aufzustöbern.

Rechts: Auf das geschickte Kombinieren von Textilien kommt es an. Der abgebildete Kissenbezug ist eine moderne Patchworkarbeit des italienischen Unternehmens Etro: Karo-Tweed mit Samt und einer Tweedrückseite. Darunter liegt ein wärmender Kinderwageneinsatz.

Südamerika gang und gäbe. Die Züchtung robuster andalusischer Schafe, die Einführung des Flachsanbaus und die Etablierung von Seidenfarmen durch die Spanier veränderten die Tradition der einheimischen Webkunst unwiderruflich. Ab 1650 wurden Woll- und Baumwolltücher auf vertikalen Webstühlen hergestellt, und ein Großteil der landestypischen Vielfalt und Pracht der Muster ging verloren.

In Nordafrika weben die Berbervölker Wandteppiche nach Art von Kelims, Tücher, Gewänder, Zeltplanen und Taschen. Die Wolle stammt hauptsächlich von Schafen, aber auch von Ziegen und manchmal von Kamelen. In Teilen Zentral- und Westafrikas werden sogar Stoffe aus dem Bast der Raphiapalme gewebt. Südlich der Sahara stellen die westafrikanischen Volksstämme seit mindestens tausend Jahren gewebte Textilien für den zeremoniellen und häuslichen Gebrauch her. Spätestens seit dem 16. Jahrhundert ist die Weberei dort nachweislich ein hochentwickeltes Handwerk. Die Weber verarbeiteten, was immer ihnen an Materialien zur Verfügung stand: von importierter und somit teurer, seltener Seide bis zu Raphia und der

Links oben: Eine Kollektion unterschiedlicher Shawls und Decken, darunter ein britischer bedruckter Paisley-Shawl. Sie wurden absichtslos auf einem Stuhl gestapelt, und wie der Zufall es will, ergeben die Farben und Webmuster ein sehr harmonisches Bild.

Links: Der Wandteppich aus dem 19. Jahrhundert ist unter der Glasplatte eines Sofatisches ein hübscher Blickfang. Auf dem mit modernem cremefarbenem Köper bezogenen Sofa erkennt man ein Kissen mit einem Bezug aus alter bedruckter Baumwolle und dicker naturfarbener Fransenborte.

in ganz Westafrika verbreiteten Baumwolle. Mit schmalen Webstühlen stellten sie Stoffbahnen von einer Breite zwischen sieben und 25 Zentimetern her, von denen dann zwanzig bis hundert Webkante für Webkante zusammengesetzt wurden, um Gewänder und Gebrauchsstoffe herzustellen: Toga-ähnliche Männergewänder, Hosen und Hüte, Frauenkleider, Kopftücher, Decken, Wandbehänge und Teppiche. Das Muster passgenau zusammenzufügen erforderte Erfahrung und Fingerspitzengefühl. Eine komplexe Komposition, herrliche geometrische Muster

Links: Die Hüllen für diese Sofakissen wurden aus verschiedenen alten Textilien gefertigt, so aus einem stark gemusterten Bildteppich des 18. Jahrhunderts und viktorianischen Petit-point-Arbeiten. Verbindende Elemente sind die aufwändigen Bordüren sowie die Farben Blau und Rot.

Unten: Eine gelungene Kombination: Das große Kissen mit Tapisseriebezug, der Polsterstoff des Sofas und der Intarsien-Beistelltisch passen wunderbar zusammen.

und symbolische, stilisierte Formen, die das Ergebnis der Kreativität von Generationen sind, kennzeichnen die Motivtradition dieser Webarbeiten.

Während der blühenden Ära der Aschantiherrschaft im 17. Jahrhundert wurden erlesene Webstoffe als Auftragsarbeiten gefertigt. Schappseide aus französischen und italienischen Manufakturen kam über Marokko und die Sahara nach Westafrika und wurde, entweder für sich oder mit handgesponnener Baumwolle kombiniert, zu Kente-Stoffen oder den noch edleren *asasia*-Geweben verarbeitet, die der Königsfamilie und dem Hofstaat vorbehalten waren. »Kente« ist inzwischen der allgemein gültige Begriff für Seidenstoffe aus dem Hügelland von Aschanti, und einige der schönsten bunten und üppig gemusterten afrikanischen Textilien kommen aus dieser Region.

Wandteppiche

Als Krönung der Webtechnik wird oft der Wandteppich bezeichnet, ein gewirktes Kunstwerk mit bildlichen Darstellungen. Fast jede Kultur kann in irgendeiner Epoche auf Wandteppiche verweisen, vom alten China mit seinen Seidenteppichen bis zu den indianischen Ethnien in Nord-, Mittel- und Südamerika. Die Meisterwerke, die zur ersten Blütezeit der Wandteppich-Weberei im mittelalterlichen Europa hervorgebracht wurden, sind heute noch zu bewundern.

In jener Epoche reisten Adlige zwischen ihren verschiedenen Ländereien hin und her; Teppiche waren somit die praktischsten Einrichtungsgegenstände: Man konnte sie zusammenrollen, leicht verstauen und zum

Unten links: Ein bezaubernder neogotischer Stuhl mit einem extravagant gemusterten Bezug aus Webteppich, der zum exzentrischen Schnitzwerk des Sitzmöbels passt.

Unten rechts: Der viktorianische Stuhl mit runder Lehne hat noch seinen ursprünglichen Bezug mit Petit-point-Stickerei. Inzwischen abgenutzt und verblichen, zeugt das ausdrucksstarke Gewebe davon, dass der Stuhl in Ehren gealtert ist.

Rechts: Dieses Schlafzimmer verbindet Elemente unterschiedlicher Kulturräume mit dem zeitgenössischen Design einer gestreiften Schabracke. Die Troddeln stammen aus der Türkei, die Teppiche aus dem Orient und die Kissen dienten in einer englischen Kirche als Kniepolster.

nächsten Wohnsitz mitnehmen, wo sie für Behaglichkeit sorgten. Zugleich zeugten sie vom Status ihres Besitzers.

Vom 13. bis zum 15. Jahrhundert stellte man in Deutschland, Frankreich und später auch in Flandern wunderschöne, farbenfrohe Tapisserien mit detailreichen zeittypischen Darstellungen religiöser Motive, Szenen der höfischen Liebe und Allegorien her. Die Teppichweber verherrlichten mit Hilfe ihres Webstuhls auch die Schönheit der Natur: Ihre Werke sind übersät mit liebevollen naturgetreuen Abbildungen von Tieren, Vögeln, Blumen und Bäumen.

Die Farbgebung ist äußerst subtil, obwohl zu jener Zeit nicht mehr als zwanzig Farbstoffe erhältlich waren, während gegen Ende des 18. Jahrhunderts bereits vier- bis fünfhundert zur Verfügung standen. Die mittelalterlichen Teppiche wirken keineswegs primitiv, im Gegenteil: Noch heute schlagen sie aufgrund ihrer feinen Verarbeitung und der zarten Motive den Betrachter in ihren Bann.

Im Laufe des 16. und des 17. Jahrhunderts florierte die Wandteppich-Weberei; Entwurf und Ausführung gewannen weiter an Eleganz. Die Nachfrage war größer denn je, da nun auch der neue, wohlhabende bürgerliche Stand nach Teppichen verlangte. Bildteppiche wurden in der Regel als Serien gefertigt; ein Teppich enthielt jeweils eine Szene der Gesamtdarstellung. Die Vorzeichnungen, Kartons genannt, wurden entweder als Kopien bekannter Gemälde der Epoche oder original von berühmten Künstlern, etwa Raffael oder Rubens, angefertigt. Oft waren es Gouachen auf Papier oder Ölbilder auf Leinwand. Da sie als exakte Vorlagen dienen sollten, hing die Qualität des Wandteppichs direkt von der Qualität des Kartons ab. Als eine Art Matrize erlaubten solche Kartons die Serienproduktion von Teppichen, und für ein beliebtes Thema bestand manchmal ein ganzes Jahrzehnt lang rege Nachfrage. Aufgrund dieser engen Verknüpfung mit der Malerei änderte sich im Laufe der Jahrhunderte mit den Kunststilen auch der Stil der Teppiche: Auf die Pracht der Gotik folgte die Raffinesse der Renaissance.

Gewebte Bildteppiche waren in ganz Europa populär. Im 18. Jahrhundert genossen die französischen Teppichweber das gleiche Ansehen wie ihre Vorgänger in Flandern: 1663 gründete Finanzminister Colbert die Manufaktur Gobelin, und in Aubusson, wo seit dem 15. Jahrhundert Bildteppiche für die Aristokratie entstanden, wurde 1665 eine königliche Manufaktur errichtet. Für großflächige Teppiche benötigte man große Webstühle. Verarbeitet wurde normalerweise Wolle; bestimmte Teilbereiche wurden gelegentlich durch leuchtende Seidengarne, ja selbst Gold- oder Silberfäden hervorgehoben. Man kann sich denken, dass diese umfangreichen Auftragsarbeiten sehr kostspielig waren, benötigte man für die Fertigstellung doch bis zu zwei Jahre und mehrere gut ausgebildete Weber.

Die Wandteppiche wurden in verschiedene Kategorien eingeteilt. Die perspektivisch dargestellten Szenen zeigten entweder eine – selbstverständlich siegreiche – Schlacht oder ein mythologisches oder religiöses Ereignis zum Ruhm des Lebens und der Taten des Auftraggebers. Die zweite Hauptkategorie, Verdure genannt, umfasste eine unendliche Fülle von Waldlandschaften – Motive, die sich aus den frühen, populären Jagdbildern entwickelt hatten. Verduren waren billiger als figürliche Darstellungen, da es einfacher war, eine Folge von Lichtungen und Wäldern zu entwerfen und zu weben als eine komplexe Szene. Auch ließen sich diese Wandteppiche leichter in eine Raumdekoration integrieren, denn zur Not konnte man eine Waldlandschaft einfach auf die richtige Größe zurechtschneiden, ohne das Motiv zu zerstören.

Wirklich teure Teppiche wurden immer im Auftrag und präzise nach den Raummaßen hergestellt. Nicht ganz so exklusiv, doch immer noch kostspielig war die Anfertigung einer Szenenfolge nach der Vorlage einer bereits bestehenden Serie in einem anderen Maßstab. Am erschwinglichsten war eine fertige Serie, die der Käufer dann selbst seinen Räumlichkeiten anpassen musste. Oft wurden die Borten separat gewebt, um dem Werk nach dem Zurechtschneiden wieder angepasst werden zu können.

Hingen sie erst einmal an der Wand, waren die Teppiche sehr pflegeleicht. Viele Interieurdarstellungen aus dem 17. Jahrhundert zeigen überdies, dass man trotz der hohen Anschaffungskosten nicht allzu zimperlich mit den Werken umging. Oft nagelte man ziemlich respektlos Gemälde direkt auf die teppichbespannte Wand.

Dennoch galten die Wandteppiche des 17. Jahrhunderts auch als Statussymbole: Könige und Adlige gaben gerne Serien imposanter Tapisserien in Auftrag, auf denen ihre eigenen meist militärischen Heldentaten verherrlicht wurden. Wechselte der Besitzer,

Oben: Zwei schmale Streifen englischer Handarbeiten aus dem 19. Jahrhundert und das Fragment eines italienischen Gewebes mit Applikationen und schweren Fransen aus dem 17. Jahrhundert schmücken die Rückseite dieses alten Schreibpultes. Ein Webstoff bedeckt die Platte.

Rechts: Manches Gewebe ist einfach zu schade zum Zerschneiden. Der prächtige Webstoff stammt aus Fez und schmückt gefaltet den geflochtenen Sitz eines Stuhls. Schnitzwerk und Stoffmuster scheinen wie geschaffen füreinander.

musste der Wandteppich entsprechend abgeändert werden. Ein neues Handwerk entstand. So wurde eine bekannte Gobelin-Serie, welche die Kunst der Kriegsführung zum Thema hatte, zwar im Auftrag Wilhelms III. geschaffen, aber später nacheinander von zwei anderen europäischen Herrschern übernommen. Der Herzog von Marlborough schließlich ließ zwei Kopien für sich und sechs für seine Generäle anfertigen. Dabei wurden manche Veränderungen vorgenommen, etwa neue Gesichter in das ursprüngliche Bild eingefügt.

In jener Epoche bezog man Sitzmöbel passend zu den Wandteppichen, und auch die Bettdraperien wurden darauf abgestimmt. Gegen Ende des 18. Jahrhunderts ging mit dem Aufkommen leichterer Wandbehänge und Tapeten die Ära der Wandteppiche zu Ende.

Damast und Brokat

Unter »Tapisserie« verstand man nicht nur gewebte Wandteppiche, sondern auch anderen textilen Wandschmuck, der aus der Werkstatt eines Tapissiers oder Polsterers stammte. So diente unter anderem Samt häufig als dekorativer Wandschmuck. Schwere Webteppiche und Samtbehänge wurden während des Sommers durch leichtere Stoffe wie Taft oder den eleganten, wenn auch teuren Damast ersetzt. Der Seidendamast ist nach seinem angeblichen Ursprungsort, der Stadt Damaskus, benannt. Tatsache ist jedoch, dass man in China schon vor über zweitausend Jahren Damast webte. Später gelangten auf diesem Gebiet besonders die Manufakturen in Lyon zu Ruhm.

Für preiswertere Damaste wurde Seide mit Leinen, Baumwolle oder beidem gemischt. Damast wirkt deshalb so fein, weil die Muster direkt in den Stoff gewebt sind und sich nicht immer auf den ersten Blick offenbaren. Deshalb bot er sich als eleganter Hintergrund für Ölgemälde an, was im 18. Jahrhundert zu seiner Beliebtheit beitrug.

Mit dem unruhiger wirkenden Brokat assoziiert man ebenfalls üppige Wanddekorationen des 17. und 18. Jahrhunderts. Der prachtvolle Stoff erinnert an Stickarbeiten, doch in Wahrheit wurden oft Gold- oder Silberfäden in das Gewebe eingearbeitet, um das Muster plastischer erscheinen zu lassen.

Gewebte Kunstwerke in einem modernen Interieur

Es fällt auch heute nicht schwer, Bildteppiche oder Webstoffe in ein gestalterisches Konzept einzufügen. Allerdings sollte man sich über das Gewicht des ausgewählten Stoffes klar sein. Sehr kompakte Webstoffe eignen sich nicht als Fenstervorhänge, lassen sich aber gut zu schönen Borten oder Einfassungen für leichte Vorhänge verarbeiten oder geben wunderbare Portieren (Türvorhänge) ab. Befestigt man den Ausschnitt eines Webstoffes direkt auf einer getäfelten Tür, wirkt er wie ein umrahmtes Bild. Auf glatten Türen lässt sich der gleiche Effekt durch Anbringung eines schmalen Frieses oder einer Borte erzielen. Kleinere Gewebe eignen sich möglicherweise als Läufer. Strukturierte Webstoffe lassen sich zu Bezügen für schlicht geformte, nicht zu weiche Kissen verarbeiten.

Oben: Aufgrund ihrer weichen Textur lassen sich Paisley-Shawls wunderbar falten. Hier ein Shawl auf einem niedrigen Hocker mit einer mehr als bodenlangen Husse.

Rechts: Viele Shawls weisen in der Mitte eine große einfarbige Fläche auf und wirken deshalb als Tischdecken besonders edel.

Paisleystoffe

Kaschmirshawls sind seit Hunderten von Jahren für ihre Weichheit und die feine Qualität ihres Gewebes berühmt. Man trug sie unter anderem als wärmendes Übergewand, um die Schultern drapiert, um die Hüfte gebunden, als Turban oder als Schal. Die Herstellung eines Shawls konnte bis zu eineinhalb Jahre in Anspruch nehmen. Die traditionellen Motive unterscheiden sich von Region zu Region; besonders bekannt ist das *boteh*-Muster, ein gewundenes Federmotiv. Heute wird es meist mit Paisleymuster gleichgesetzt und ist eines der bedeutendsten und am leichtesten wieder erkennbaren Textilmotive der Welt.

Paisleystoffe aus Orient und Okzident

Kaschmirshawls wurden nicht, wie etwa die Kelims indischer Nomaden, im Rahmen der Volkskunst, sondern für den Export angefertigt. Im 18. und 19. Jahrhundert trugen Handel, Einwanderer und die Tatsache, dass Kaschmir im Jahre 1846 unter britische Herrschaft fiel, zur Vertiefung der Kontakte zwischen dem Fernen Osten und dem Abendland bei. Dadurch gelangten diese exotischen, feinen Stoffe in den Westen und riefen dort große Bewunderung hervor. Schon Mitte des 18. Jahrhunderts wurden Kaschmirshawls sehr geschätzt; im frühen 19. Jahrhundert waren sie sowohl in London als auch in Paris *das* modische Accessoire schlechthin. Als die Nachfrage trotz größter Bemühungen nicht mehr befriedigt werden konnte, begann man auch in Europa – besonders in Großbritannien und Frankreich – eigene Varianten des Kaschmirshawls herzustellen. Sie bezeichnen wir heute allgemein als »Paisleystoffe«.

Die ersten Gewebe dieser Art wurden im späten 18. Jahrhundert in Norwich und Edinburgh gefertigt. Kurz darauf begannen Weber in der nahe Glasgow gelegenen Stadt Paisley dem Beispiel Edinburghs zu folgen, um sich ihren Anteil an dem viel versprechenden Markt zu sichern. In den folgenden Jahrzehnten entwickelten sich diese drei Städte zu Hochburgen der Weberei: In Norwich fertigte man Seiden- und Kleiderstoffe, in Edinburgh Damast und in Paisley Musselin und Seide. Noch heute verblüfft, dass in Norwich im Jahre 1800 gut zwanzig Hersteller registriert waren, man aber bereits knapp fünfzig Jahre später allein in einer der Manufakturen für den Zeitraum von 1847 bis 1848 den Verkauf von 27 000 Shawls verzeichnete.

Die Produktivität dieser Fabriken wurde durch die Erfindung des automatischen Webstuhles weiter gesteigert. Der Franzose Joseph-Marie Jacquard perfektionierte diese Technik und stellte auf der Pariser Weltausstellung 1801 den später nach ihm benannten Webstuhl vor. Etwa 15 bis zwanzig Jahre danach hielt dieser Webstuhl auch in Großbritannien Einzug, wo er besonders den Webereien in Paisley gute Gewinne bescherte. Die Entwicklung schritt in rasantem Tempo voran, und in den 1820er Jahren stellte man sogar schon Reproduktionen der echten indischen Shawls her, die man Paisley-Kaschmir nannte, und verkaufte sie in Länder wie die Türkei, Persien und Indien – der Kreis hatte sich geschlossen.

Oben: Eine Ton-in-Ton-Dekoration: ein Damastkissen und ein außerordentlich feiner Kaschmirshawl auf einer samtbezogenen Bank.

Ganz links: In ihrer zeitlosen Eleganz lassen alte Kaschmirshawls sich großartig mit Möbeln verschiedenster Stilrichtungen kombinieren.

Das Diktat der französischen Mode

In Frankreich herrschte im ausgehenden 18. Jahrhundert der Directoire-Stil, und man zollte Glanz und Schönheit einen höheren Tribut als praktischen Aspekten. Als Entgegnung auf die strengen brokatenen Hoftrachten des Ancien Régime und all das, was sie repräsentierten, trugen Frauen nun kühle, blasse Musselin- oder Seidengewänder mit kurzen Ärmeln und tiefem Dekolleté. Das Schultertuch wurde ein unverzichtbares Kleidungsstück für die modebewussten Damen jener Epoche. Kaiserin Joséphine, die zahlreiche Modetrends begründete und zehnmal am Tag ihre Garderobe wechselte, soll Hunderte von indischen sowie europäischen Kaschmirshawls besessen haben.

Zu Beginn wurden französische Shawls den Originalen aus Kaschmir streng nachempfunden, aber unter den Händen der erfinderischen Pariser Modemacher wurden die Muster bald eigenständiger und freier. Die britischen Hersteller erkannten die überragende Qualität dieser Produkte und reisten im 19. Jahrhundert mindestens ein-

Links: In Jacqueline Coumans' Wohnung in New York bilden Shawls anstelle zwangloser Überwürfe einen formalen Bestandteil einer Sitzgruppe. Die Kissen mit Bezügen aus Shawlresten fügen sich angenehm in das Gesamtbild ein.

Links: Ein wollener Paisley-Shawl schmückt das Kopfteil eines Bettes. Bei der Dekoration mit Paisleystoffen sollte man behutsam verfahren, um die Wirkung des zentralen Motivs nicht zu zerstören.

Unten: Aufgrund ihrer vielfältigen Dessins lassen Paisleystoffe sich vielerorts einsetzen – hier als Kissenbezug mit üppiger Fransenborte.

mal im Jahr nach Paris, um neue Shawlmuster zu erwerben. Auf dem Höhepunkt dieser Mode, als man die Schultertücher in jedem Kleiderschrank finden konnte, wurde zunehmend nach leichteren Modellen verlangt, die auch im Sommer oder zur Abendgarderobe getragen werden konnten.

In Norwich und Paisley entstanden entzückende Tücher, deren Motive auf traditionellen indischen Mustern beruhten. Die bedruckten, feinen Seiden- oder Gazestoffe besaßen ein nahezu ätherisches Flair. Die quadratischen Tücher wurden um lange,

schmale Shawls oder Wendetücher ergänzt, deren Muster aus einer Kombination von Bordüren bestanden, sodass man sie diagonal gefaltet tragen konnte.

Die Mode setzte ihren launischen Kurs fort. Gegen Mitte des 19. Jahrhunderts wurden Krinolinenkleider populär und die Tücher dementsprechend größer. Aber so schnell, wie der Kaschmirshawl Einzug in die Kleiderschränke gehalten hatte, verlor er seine Bedeutung als luxuriöses modisches Accessoire: In den 1870er Jahren waren Shawls so populär wie alltäglich geworden.

Paisleymuster im Interieur

Die alten Shawls, die man heute noch findet, sind entweder Originale aus Kaschmir oder französischer beziehungsweise briti-

Oben: Tücher aus sehr feiner Wolle oder aus einem Seidenwollgemisch lassen sich herrlich drapieren. Dieser Kaschmirshawl aus dem 19. Jahrhundert wurde leger über die Vorhangstange drapiert. Das Tageslicht setzt ihn besonders schön in Szene.

Links: Selbst die kleinsten Reste beschädigter Tücher können noch eine dekorative Verwendung finden, wie hier als Einbände für eine Sammlung von Notiz- und Skizzenbüchern.

Unten links: Die sanften, warmen Farben des Shawls unterstreichen das warme Rosa und das gebrochene Weiß des mit einem filigranen Muster bedruckten Baumwollpolsterstoffes.

Unten rechts: Auch wenn alte Paisley-Shawls naturgemäß nicht so strapazierfähig sind wie speziell für diesen Zweck hergestellte Polsterstoffe, sehen sie als Bezüge hinreißend aus.

Ganz rechts: In diesem Raum rahmen Paisley-Shawls einen bodenlangen Vorhang. Das Futter aus goldgelber Seide hängt lose dahinter, sodass die Shawls bei Bedarf anders verwendet werden können.

scher Herkunft. Die Originale und manche französischen Exemplare, unter ihnen besonders die signierten, gelten als echte Sammlerstücke.

Paisleystoffe mit all ihren Mustern, Farben und Strukturen haben bis heute ihre Faszinationskraft nicht eingebüßt. Wegen ihrer samtweichen Struktur und ihrer bezaubernden Farbnuancen sind sie für die Dekoration von Interieurs nach wie vor beliebt: als Kissenbezüge, Überwürfe, Hussen, als Hüllen für Kopfteile von Betten oder als Tagesdecken. Ein rechteckiger Musterausschnitt kann als Medaillon einen Quilt schmücken. Eine beschädigte Stoffbahn lässt sich über die Lehne eines Sofas oder Sessels drapieren, und besser erhaltene Stücke geben hübsche Vorhänge oder Schabracken ab. Mit Paisleystoffen lassen sich offene Schränke oder Regale effektvoll auskleiden, Wandschirme bespannen oder Täfelungen schmücken. Doch unabhängig davon, wie groß oder gut erhalten ein alter Shawl auch sein mag – er wird dem Auge schmeicheln und zum Anfassen verführen.

Teppiche

Noch vor einigen hundert Jahren galten Teppiche als Textilien, die zum Schutz oder zur Dekoration flach auf dem Boden oder einem Tisch lagen. Bei der Herstellung von Teppichen kommt heutzutage fast jedem sofort das Knüpfen in den Sinn, eine Technik, bei der Wollfäden dicht an dicht um Kettfäden geschlungen werden, sodass ein fester, robuster Flor entsteht.

Auf diese Art und Weise stellt man schon mindestens seit dem 14. Jahrhundert in Kleinasien, Indien und Persien Teppiche her. In den beiden letztgenannten Ländern erlangte die Knüpfkunst im 17. und 18. Jahrhundert ihren Höhepunkt. Die ersten Knüpfteppiche, die das Abendland erreichten, wurden als Kostbarkeiten gehandelt und eher auf Tischen als auf dem Boden ausgelegt. Ende des 18. Jahrhunderts wurden Orientteppiche jedoch schon in so großer Zahl insbesondere aus Anatolien importiert, dass man sie auch für den Fußboden benutzte.

Manchmal dienten sie sogar als eine Art Banner: Besonders in Europa hängte man an Fest- und Feiertagen Teppiche an den Balkon oder aus dem Fenster. Für all jene, die sich die immer noch teuren geknüpften Teppiche aus dem Orient nicht leisten konnten oder wollten, stellten zwischen dem 16. und 18. Jahrhundert die »Türkischen Arbeiten« – Teppiche und Polsterbezüge für Stühle – eine erschwingliche Alternative dar.

Webteppiche

Web- oder Wirkteppiche haben sowohl im Morgen- als auch im Abendland eine lange Tradition. Die orientalische Version, der Kelim, wird aus Schafwolle, Kamel- oder Ziegenhaar hergestellt und diente gewöhnlich als Teppich, Zeltstoff, Satteldecke oder Satteltasche. Als exemplarisch für westliche Wirkteppiche können die Bildteppiche der französischen Manufaktur Aubusson aus der zweiten Hälfte des 18. Jahrhunderts gelten. Einige der herausragendsten Künstler

Oben: Christophe Gollut liebt es, Tische mit Teppichen zu schmücken. Der marokkanische Kelim wird hier zu einem interessanten Blickfang, allein schon, weil er diagonal über die Tischfläche gebreitet wurde.

Rechts: Auf einer alten metallenen Bank aus Frankreich schmückt ein hübscher Navajo-Webstoff, der speziell für Jacqueline Coumans gefertigt wurde, das mit einem bedruckten Baumwoll-Leinengewebe bezogene Sitzkissen. Die Wand ist mit einem auf links gewendeten modernen französischen Stoff bespannt.

arbeiteten seinerzeit für diese Manufaktur, darunter Christophe Huet und François Boucher, der Rokokokünstler par excellence, dessen florale Entwürfe bis heute begeistern.

Ungefähr seit dem 16. Jahrhundert wurden Teppiche im Abendland als Nadelarbeiten hergestellt, sowohl zu Hause von Hand als auch in Manufakturen. Als Basis dieser Gros-point- und Petit-point-Arbeiten dienten grobe Leintücher. So mancher kleine Kamin- oder Bettvorleger entstand in häuslicher Handarbeit. Im 17. Jahrhundert verwendete man sogar eine Samtart mit Kammgarnflor für Bodenteppiche. Peter Thornton, Historiker mit dem Spezialgebiet dekorative Künste, berichtet, dass Kardinal Mazarin einen Teppich besaß, der aus drei Breiten Samtmoquette bestand.

Im neu besiedelten Amerika war man bei der Teppichherstellung unglaublich erfinderisch: Die ersten Teppiche bestanden aus Lumpen, die in Streifen geschnitten, zusammengenäht und dann verwebt wurden; andere wiederum wurden auf einem Untergrund aus alten Säcken in Patchwork-

Oben: Die charakteristischen Erdtöne des marokkanischen Kelims, der als Tischdecke verwendet wird, harmonieren mit den ockerfarbenen Wänden und dem Terrakottaboden.

technik aus alten Kleidern und Ähnlichem gefertigt. Darüber hinaus flochten die amerikanischen Siedler Streifen abgenutzter Textilien zu dicken Zöpfen und drehten diese schneckenförmig zu Teppichen.

Die berühmtesten und heute begehrtesten Teppiche waren *hooked rugs*, aus deren Herstellung die Siedler eine Kunst machten. Alte Textilien wurden in schmale Streifen geschnitten, mit selbst gemachten Färbemitteln aus allem, was zur Hand war – Rote Beete, Zwiebeln, Preiselbeeren oder Blaubeeren –, gefärbt und dann mit einer Art großer Häkelnadel in einen Unterboden aus geflochtenem Sackleinen oder gewebtem Flachs eingearbeitet. Dabei entstanden die ungewöhnlichsten Motive, von Seelandschaften über komplizierte Blumendekors bis hin zu Darstellungen von Haus- oder Fabeltieren.

Teppiche als dekoratives Element

Teppiche sind nur auf den ersten Blick schwer in ein Dekorationskonzept zu integrieren. Selbst Fragmente oder beschädigte Exemplare lassen sich noch verwenden. So eignen sich Teppiche beispielsweise hervorragend als Alternative zu empfindlicheren und dünneren Bezugsstoffen. Christophe Gollut etwa bezog mit einem in Stücke geschnittenen alten Kelim die Rückenlehnen und Sitzflächen der Regiestühle, die im Innenhof seines Hauses auf Gran Canaria stehen. Einen Teppich, den er aus Marokko mitbrachte, legte er diagonal über den rustikalen Esszimmertisch. Weniger unkonventionell, doch ebenfalls sehr reizvoll ist es, einen Teppich als ›Bild‹ an der Wand zu befestigen oder über dem Kopfteil eines Bettes zu drapieren.

Ganz links: Alte indische Kelims sind vielseitig einsetzbar und dekorativ. Dieser wurde zu einem Bezug für einen eleganten Stuhl verarbeitet.

Links: Immer häufiger sieht man Teppiche auf ihren ursprünglichen Platz zurückkehren – auf den Tisch. Besonders im Freien hat das auch einen praktischen Vorteil: Diesen griechischen Teppich wird so leicht kein Windstoß davonwehen.

Oben: Werfen Sie abgenutzte oder beschädigte Teppiche niemals fort! Hier erhielten Rückenlehnen und Sitzflächen billiger Regiestühle mit Hilfe eines alten marokkanischen Kelims ein ganz neues Gesicht. Die Stücke wurden einfach auf das Segeltuch aufgenäht.

Stickereien

Mehr als jede andere Handarbeit stellen Stickereien einen Spiegel ihrer Epoche dar und geben den Geschmack und Stil der Künstlerin wieder. Je genauer man einen bestickten Stoff betrachtet, ob alt oder neu, desto wunderbarer erscheint er. Dabei ist ein bescheidenes Stück Handarbeit ebenso kostbar wie eines der einzigartigen, mit Edelsteinen und Gold besetzten Meisterwerke des Mittelalters.

Oben links: Diese leuchtende Krüwellstickerei entstand im 19. Jahrhundert in Russland.

Oben rechts: Kissen mit unterschiedlichen Stickmustern sollten farblich harmonieren.

Rechts: Unterschiedlich bestickte Stoffe wirken als Kissenbezüge vortrefflich.

Ganz rechts: Der Drache ist ein bedeutendes Symbol der chinesischen Mythologie, und auf dieses prächtige Feuer speiende Exemplar wurde viel Sorgfalt verwendet.

Stickereien, die Verzierung von Textilien durch dekorative Stiche, sind zarte, sehr persönliche Nadelarbeiten, die ebenso viel über die Lebensumstände von Menschen aussagen wie die Kunst. Eine Stickarbeit kann grob oder überaus raffiniert sein. Sie kann als bildliche Darstellung in strahlenden Farben auf einem Ethnostoff Platz finden, aus farbiger Wolle bestehen, einen bäuerlichen Kittel aus ungebleichtem Leinen ebenso schmücken wie ein Stück Seide oder feinen Batists, das dem Betrachter ein erlesenes Muster aus vielerlei komplizierten Stichen darbietet. Doch ungeachtet ihrer Herkunft und Technik ist jede Stickerei einzigartig und in sich vollkommen.

Die Stickkunst wird in fast allen Kulturen der Welt seit langer Zeit gepflegt. Für die griechische und römische Antike ist sie nachgewiesen, und selbst die Kleidung

altägyptischer Mumien scheint mit Stickereien geschmückt gewesen zu sein.

In China stellte man bereits etwa 2000 v. Chr. kostbare Seide her und veredelte sie mit feinen Fäden und komplizierten Stichen zu kunstvollen Wandbehängen und zeremoniellen Gewändern. Auf dem indischen Subkontinent ist die Stickerei seit dem 5. Jahrhundert verbreitet, und sowohl die indischen als auch die chinesischen Motive und Sticharten sollten etwa tausend Jahre später einen bedeutenden Einfluss auf den europäischen Geschmack ausüben.

Frühe europäische Stickkunst

Auch in Europa hat das Sticken eine lange Tradition. Manche englische Werke entstanden bereits im 5. Jahrhundert. Im Mittelalter war England vor allem für seine liturgischen Textilien berühmt, die im 13. Jahrhundert in der ganzen westlichen Welt hohes Ansehen genossen und als Opus Anglicanum bekannt waren. Die Nachfrage war so groß, dass die Kirche Gruppen von Männern und Frauen für die Herstellung von Wandbehängen und kirchlichen Gewändern verpflichtete. Dabei wurden Unmengen an Gold, Silber, Edelsteinen und Email verbraucht. Da die goldenen und silbernen Metallfäden sehr kostbar waren, wurden sie nicht in das Gewebe eingearbeitet, sondern mit kleinen, beinahe unsichtbaren Stichen auf der Oberfläche fixiert.

Im 15. Jahrhundert gewann das Sticken ›am häuslichen Herd‹ an Bedeutung und wurde im Laufe der folgenden zweihundert Jahre zu einer beliebten und weit verbreiteten Tätigkeit. In den Familien des Adels sowie des aufstrebenden Bürgertums, die

Links oben und unten: Kleinere Stoffe mit feinen Details, vor allem kostbare und seltene Stücke, entfalten als Kissenbezüge ihre ganze Schönheit. Hier zwei Beispiele für bestickte und mit Applikationen verzierte Seide.

Unten: Ein seltenes Stück: Die Kamelsteppdecke aus handgefärbter Baumwolle stammt aus Rajasthan. Als Verzierung wurde alles, was glitzert, appliziert, von Metallfäden über Perlen und Kaurimuscheln bis hin zu kleinen Spiegeln.

keine finanziellen Nöte kannten, stellte es einen sinnvollen und beliebten Zeitvertreib dar: Katharina von Aragon, Elisabeth I., Maria Tudor und Maria Stuart, die von Katharina de' Medici unterrichtet wurde, waren auf diesem Gebiet Könnerinnen. Das Repertoire der Stickerinnen war unerschöpflich: Sie schmückten Samtbehänge und Seidentücher als Dekor für zugige, große Räume, aber auch Haushaltsgegenstände wie Teppiche für Tische und Böden, Kissenbezüge, Bettdecken und Volants sowie die überall anzutreffenden Bettdraperien und Kleidung aller Art, von Pantoffeln über Wamse bis hin zu Unterröcken, mit filigranen Mustern. Doch es gab auch professionelle Sticker. Im Jahre 1561 erweckte Elisabeth I. die alte Broderers' Company zu neuem Leben. In den Werkstätten arbeiteten etwa einhundert Handwerker – ausschließlich Männer –, was damals keineswegs ungewöhnlich war. Im 16. Jahrhundert gehörten Blumen zu den charakteristischen Motiven, und aufgrund der Verbreitung des Buchdrucks standen mehr und mehr Vorlagen für anspruchsvolle Zier- und Heil-

Oben: Dieselbe Decke wie links hier in ihrer ganzen Pracht als funkelnder Bettüberwurf. In der Mitte erkennt man das Loch für den Kopf des Kamels. Die dezenteren Kissenbezüge nähte Kirsten Hecktermann aus alten Textilien und handgefärbter neuer Seide.

Links und ganz links: Dieser herrlich verzierte vierteilige Wandschirm mit Feldern aus prächtig bestickter chinesischer Seide ist über hundert Jahre alt und stammt aus einem italienischen Palazzo. Der Designer Baldassare La Rizza teilte ihn in der Mitte. Die eine Hälfte dient nun als herrschaftlicher Kopfteil des Bettes, grandios kombiniert mit einer Seidendamast-Bettdecke aus dem französischen Empire. Die andere Stoffhälfte verbirgt das Innere eines Schrankes mit Haushaltsutensilien im Salon.

Ganz links: Eine bemerkenswerte Krüwellstickerei auf Seide in den lebhaften Farben Orange, Purpur, Anilinrot und Fuchsia, flankiert von Polsterstühlen mit Leopardenmuster.

Links: Bestickte englische Glockenzüge aus dem 19. Jahrhundert sind sehr dekorativ und nicht allzu schwer aufzutreiben. Schon für sich allein wirken sie ansprechend, und für weitere Objekte und Gemälde bilden sie einen schönen Rahmen.

Rechts: Im Orient ist die Kalligraphie eine hochangesehene Kunst, und so werden dort Textilien häufig mit kalligraphischen Zeichen statt mit bildlichen Motiven verziert.

pflanzenmotive zur Verfügung. Gegen Ende dieses Jahrhunderts hatte sich durch die Herausgabe spezieller Musterbücher das Repertoire der Sticker deutlich erweitert.

Viele Bettdraperien wurden mit Krüwellstickerei verziert. Krüwell ist ein gezwirntes Wollgarn und daher dicker als ein Seiden- oder Baumwollfaden. Für die danach benannte Art der Stickerei wählte man im Allgemeinen Garn in dunklen, kräftigen Farben und einen Untergrund aus Wollstoff oder weißem Leinen. Die Krüwellstickerei entstand in England und war im 17. und 18. Jahrhundert auch in Nordamerika äußerst beliebt. Als Muster wurden häufig Bäume, Blätter und Blumen gewählt, die sich an den Bettpfosten hinauf zum Betthimmel zu ranken schienen.

Die Stickereien des 17. Jahrhunderts waren von großer Schönheit und zeugten von technischer Raffinesse. Zu Zeiten Maria Stuarts und Elisabeths I. bestickte man Kleidung und Einrichtungsgegenstände mit den ungewöhnlichsten Stichen; die neu entwickelten Metallnadeln und scharfen Scheren waren für diese Handarbeiten bestens geeignet. Nur selten bedeckte man ein Stück Stoff flächendeckend mit Stickereien, lieber fertigte man Zierbänder oder -felder, die an verschiedener Stelle zur Dekoration eingesetzt wurden. Mit Ausnahme einiger Bettdraperien und von professioneller Hand hergestellter Wandbehänge, deren Verzierung von großer Ausdauer zeugt, waren Stickarbeiten damals ohnehin meist von kleinerem Format. Sie fanden Verwendung auf Feuerschirmen, Hockern, Bettdecken und Polsterbezügen von Stühlen – und natürlich auf Kissenhüllen, wo sie sich relativ schnell abnutzten und fortwährend ersetzt werden mussten.

Die zu Hause gefertigten farbenfrohen Stickereien jener Epoche stellen häufig Garten- oder Feldszenen mit unzähligen Blumen, Früchten und Gemüsesorten sowie Details der Gartenbaukunst dar. Ärmel, Röcke, Mieder und Jacken bestickte man mit Vorliebe mit Vögeln, anderen Tieren, Blumen und Blattwerk.

Zu Beginn des 18. Jahrhunderts gaben geschäftstüchtige Buchdrucker und -händler sogar Musterblätter und -stiche heraus – mit Blumen, Früchten, Vögeln und Tieren, die speziell für die begeisterte Stickerin entworfen wurden.

Zu jener Zeit waren Stickereien und fein gearbeitete Nadelmalereien aus China im Westen sehr gefragt. Ab etwa 1650 importierte die Ostindische Kompanie dann auch indische Stickereien und Chintz. Sie waren teuer genug, um als Kostbarkeiten sogar in den Haushaltsbüchern registriert zu werden. Im späten 18. Jahrhundert kamen die ersten Damenmagazine heraus, die sich ausschließlich an die Ladys der besseren Gesellschaft richteten und zum Teil Stickmuster enthielten, die man heraustrennen konnte.

Im weiteren Verlauf des 19. Jahrhunderts blieb das Sticken zwar populär, die Arbeiten verloren jedoch ein wenig an Eleganz.

Zwischen 1810 und 1880 waren Techniken wie die Berliner Wollarbeit in ganz Europa und Nordamerika sehr beliebt. Als Vorlage diente koloriertes Stramin, das mit Wollgarn in fröhlichen, manchmal etwas grellen Farben bestickt wurde. Vorlagen und Garne kamen ursprünglich aus Deutschland. Die im 19. Jahrhundert erfundenen Anilinfarben bescherten der zeitgenössischen Stickerei eine beschwingte Heiterkeit und Naivität, doch fehlte den Arbeiten die künstlerische Raffinesse früherer Zeiten.

Landestypische Stickkunst innerhalb Europas

Die Geschichte der Stickkunst in Europa lässt sich anhand der vielen Mustertücher aus verschiedenen Ländern nachvollziehen. Mögen diese alten Mustertücher mit ihren verblassten Farben und strengen geometrischen Formen in unseren Augen vielleicht trist wirken und beinahe an Seiten aus Übungsstickbüchern erinnern – zu ihrer Entstehungszeit dienten sie der Zurschaustellung von Kunstfertigkeit und als Inspirationsquelle für die meist jungen Stickerinnen. Heute geben sie uns einen Einblick in die wechselnden Modeströmungen des 16. und 17. Jahrhunderts.

Jedes Land pflegte andere Vorlieben und kultivierte eine andere kunstvolle Sticktechnik: Die Schweiz war bekannt für ihre Weißstickerei auf Taschentüchern und Wäsche, Polen für seine mit Gold und Perlen veredelten Stickereien, Frankreich für die kunstvolle Verarbeitung von Gold-, Silber- und Seidenfäden, die aus Italien und Zypern importiert wurden.

In Frankreich kam das Sticken im späten 17. und frühen 18. Jahrhundert im selben Maße in Mode wie in England. Vor allem Kleidung wurde gerne mit Stickereien geschmückt. Das nahm bald derart überhand, dass der französische König Heinrich IV. schließlich per Erlass das Tragen extravaganter Kleidungsstücke verbot – mit nicht allzu durchschlagender Wirkung, wie es scheint, da im Jahre 1629 Ludwig XIII. ein weiteres Edikt erließ, das Männern wie Frauen untersagte, Stickerei oder auch nur Imitate davon zu tragen. Zu jener Zeit war die Tambourier-Stickerei, bei der man den Stoff über einen kreisrunden Rahmen spannt und im Kettenstich bestickt, sehr beliebt; Madame de Pompadour ließ sich sogar bei der Arbeit am Tambourier-Rahmen porträtieren. Auch italienische Stickarbeiten, vor allem die Bargello genannte florentinische

Oben: Eine sehr kunstvolle englische Ausschnittstickerei aus dem frühen 20. Jahrhundert, wie man sie heute kaum mehr findet. Die Unterfütterung besteht aus Samt; die zarten Farben lassen darauf schließen, dass das Stück vielleicht als Läufer oder Tischtuch für einen Tisch oder eine Kommode im Schlafzimmer einer Dame gedacht war.

Links: Eine gelungene Art der Präsentation: Die feine Baumwollstickarbeit wurde auf ein Untergewebe aufgenäht, um ihre Muster und Farben zu unterstreichen, ohne ihre zarte Wirkung zu beeinträchtigen.

Ganz links oben: Die Wand dieser lebhaft dekorierten Zimmerecke zieren ein Paar orientalische, mit Perlen bestickte Pantoffeln aus dem 19. Jahrhundert und eine perlenbesetzte Tasche. Die bestickte Weste über der Armlehne des Sessels stammt aus dem 18. Jahrhundert und kann in ihrer Pracht mit dem ebenfalls bestickten Kissen mithalten.

Ganz links unten: Ein kleines Kissen wie dieses ginge in Kombination mit weiteren Kissen unter. Als Einzelstück muss es nicht um die Aufmerksamkeit des Betrachters ringen – die zarten Farben und das feine Motiv des Bezugs fallen sofort ins Auge.

Renaissancestickerei, wurden damals und in den folgenden Jahren in ganz Europa hoch geschätzt.

Amerika und Afrika

Die Geschichte der nordamerikanischen Stickkunst unterscheidet sich nicht sehr von der europäischen, allerdings eignet amerikanischen Arbeiten jener naive Charme, der für die frühen Werke der Kunst und des Kunsthandwerks dieses Landes generell so typisch ist.

Viele der in Europa beliebten Sticktechniken gelangten im frühen 18. Jahrhundert mit den ersten Siedlern, besonders aus England, Holland, Schweden und Deutschland, nach Amerika. Aus diesen verschiedenen

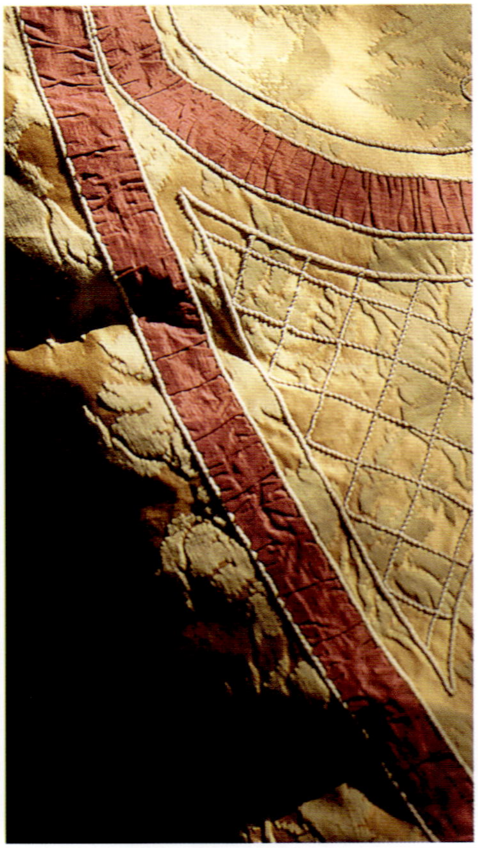

Quellen entwickelte sich schrittweise ein ganz eigener Stil. Auch wenn einige Grundmaterialien importiert wurden, spann man Garne immer häufiger selbst oder verwendete aus heimischer Baumwolle gefertigtes Stickgarn, das dicker als importiertes Garn war. Sich selbst versorgen zu können war von entscheidender Bedeutung und Nähen mehr als nur eine Freizeitbeschäftigung – es war bittere Notwendigkeit. Der vergleichsweise sparsame Umgang mit Garnen führte zu einfacheren Mustern als jenen, die in Europa üblich waren. So stellte man verschiedene Blumenarten und Objekte aus der häuslichen Umgebung dar, zum Beispiel Körbe und schlichte Schalen.

Bei den Indianerstämmen des gesamten amerikanischen Kontinents sowie bei vielen afrikanischen Ethnien hat das Sticken eine jahrhundertelange Tradition. In Nordamerika schmückten die Indianer ihre Kleider aus Hirsch- und Büffelleder mit Perlen, die sie im Tausch gegen Pelze von den neuen Siedlern erhielten. Die Perlen wurden in gleichmäßigen Reihen auf kurze Fäden gezogen, zum Teil auch als Umrisslinien aufgenäht. Ergänzend brachte man Fellapplika-

tionen und Stachelschweinborsten an. Die Borsten wurden gedämpft und vor dem Verarbeiten im Mund gehalten, damit sie biegsam blieben. Dann befestigte man sie mit Überfangstichen auf Leder oder zog sie durch die vorgestochenen Löcher von Birkenrinde. So wurden Alltagskleidung und zeremonielle Gewänder verziert.

Die Ureinwohner Südamerikas pflegen die Tradition des Stickens ebenfalls seit langem, in Peru schon seit mehreren tausend Jahren. So kannte zum Beispiel das Volk der Paraxas mehr als 190 verschiedene Farbtöne zur Verzierung von Kleidungsstücken. Zwischen dem 14. und dem 17. Jahrhundert applizierten die Inkas Federn tropischer Vögel auf schlichte gewebte Baumwollstoffe und fertigten daraus zeremonielle Hemd- oder Umhanggewänder. In Südamerika unterscheiden sich die Arbeiten von Region zu Region zuweilen sehr stark: Während die Kuna-Indianer in Panama für ihre Applikationsarbeiten berühmt sind, stickte man in Mexiko bunte Szenen aus dem Alltag oder Landschaften.

Auch bei vielen afrikanischen Stämmen spielt das Sticken eine bedeutende Rolle,

Ganz links und links: Heute ist das Sticken eine seltene Freizeitbeschäftigung, doch einst gehörte es zum guten Ton. Hier zwei Beispiele aus vergangener Zeit: aus Metallfäden gearbeitete Blumen auf dunkelroter Seide und goldfarbener Damast mit applizierten roten Satinbändern und eleganten Kordeln.

Oben: Der mit Krüwellstickerei geschmückte Bettüberwurf ist nur ein Bestandteil dieses mit ungewöhnlichen Textilien dekorierten Zimmers. Farben und Muster scheinen willkürlich zusammengestellt, und doch ergibt sich eine harmonische Gesamtwirkung.

Rechts: Dieser Ausschnitt der komplexen, raffinierten Krüwellstickerei des Bettüberwurfes zeugt von der großen Geschicklichkeit der Stickerin.

Rechts: Das Bett unter der Dachschräge dieses recht niedrigen Zimmers ist mit einem Quilt aus dem 20. Jahrhundert bedeckt. Daneben, auf einem antiken Ohrensessel mit modernem Krüwellbezug, ein Kissen in einer hübschen Hülle mit zwei gestickten Zierbändern.

Unten: Ein sehr kunstfertig bestickter türkischer Querbehang wurde hier über eine Kommode drapiert. So kann die herrliche Handarbeit aus der Nähe betrachtet werden.

zum Beispiel bei den Yoruba, den Ibo, den Nupe und den Haussa. Die Arbeiten der Haussa gelten als besondes schön. Bei ihnen obliegt das Sticken häufig den Männern, die Frauen hingegen widmen sich der Webkunst. Typisch für die Haussa sind weitärmelige, mit kunstvollen ineinander verschlungenen oder eher geometrischen Mustern bestickte Gewänder. Viele dieser Ornamente werden vor der Ausführung von einem Korangelehrten aufgezeichnet, wodurch sie eine magische Bedeutung erhalten, die sie über bloße Dekoration erhebt. Man nimmt an, dass im 15. Jahrhundert Händler vom Stamm der Haussa diese Stickarbeiten von Nigeria aus verkauften und so andernorts zur Entwicklung eigener Stickstile beitrugen.

Ein weiteres Merkmal afrikanischer Stickkunst war die reiche Ornamentierung auf Kapuzenumhängen, für die manchmal Silber- und Goldfäden sowie Pailletten verarbeitet wurden. Auch die Yoruba tragen aufwändig bestickte Gewänder.

Schmückende Stickereien

Wer Stickereien dekorativ einsetzen möchte, kann sich sowohl an ihren ursprünglichen Verwendungszwecken orientieren als auch unkonventionelle Wege einschlagen. Spiegel zum Beispiel waren im 17. Jahrhundert sehr selten und kostbar und wurden daher oft mit bestickten Bändern ›gerahmt‹. Näh- und Federkästchen zierten bestickte, mit Borten eingefasste Stoffe. Noch heute können diese Ideen zur Nachahmung inspirieren.

Das dekorative Potenzial von Stickarbeiten ist grenzenlos: Bestickte Textilien können zu Kissenbezügen verarbeitet werden oder die Sitzfläche und Rückenlehne eines Stuhles schmücken. Ein besticktes Tuch, sei es komplett oder nur als Teilstück vorhanden, lässt sich als Wandbehang über ein Bett hängen. Ein breites Band eignet sich etwa für die ungenutzte Fläche unter einem niedrigen Fenster. Gerade als Fensterschmuck sind Stickarbeiten eine Pracht – ein schmales Stück als weicher Querbehang oder als Volant, eine lange, breitere Bahn vielleicht als Einzelvorhang, den man zur Seite rafft. Schmale, bestickte Stoffstreifen wirken als Borte oder seitliche Einfassung an Vorhängen oder Jalousien wunderschön.

Rechts: Krüwellarbeiten sind eine sehr freie Form der Stickerei mit Wollgarn auf leinenem Untergrund und waren im 17. und 18. Jahrhundert besonders beliebt. Oft schmückten sie Bettvorhänge, die ebenso dekorativ wie wärmend waren. Dieser Krüwellbehang dient heute als Überwurf für einen Stuhl.

Textilien im Interieur

Was das Sammeln von Textilien so interessant macht, ist die Tatsache, dass man seine Sammlerstücke überall im Haus dekorativ drapieren kann, dass es keinen Ort gibt, der sich nicht mit Stoffen verschönern lässt. In jedem Raum, vom Badezimmer bis zur Küche, auf so gut wie jedem Möbelstück – nicht nur auf Polstermöbeln, sondern auch auf Esstischen, Kopfteilen von Betten, Lampenschirmen oder Kaminsimsen – sorgen Textilien für das gewisse Etwas.

Wir haben heutzutage das Glück, bei der Gestaltung unserer Interieurs keinen Zwängen oder gesellschaftlichen Regeln mehr unterworfen zu sein. Nicht jedes Detail muss perfekt zu einer Einrichtung passen, und Sofas und Sessel müssen nicht mehr uniform wie ein Regiment auf dem Paradeplatz wirken. Doch wie eh und je sollte eine Stimmigkeit herrschen, die dem Auge schmeichelt. Die einzigen Regeln, die es dabei zu beachten gilt, sind die Gesetze von Proportion und Stil, Harmonie und Maßstab. Bei Bezügen zum Beispiel sollte das Muster des Stoffes den Dimen-

sionen des Möbelstückes entsprechen. Auch die Muster und Farben eines Vorhangstoffes müssen auf die Größe und den Stil des jeweiligen Fensters abgestimmt werden. Gelungen ist ein Arrangement, wenn die einzelnen Gestaltungselemente eines Raumes sich gegenseitig in ihrer Wirkung steigern. Sammlerstücken kommt dabei eine entscheidende Bedeutung zu.

Links und unten: Das bunte Band auf dem einfarbigen Vorhang ist die Bordüre eines indischen Sari. Es bringt Farbe ins Spiel und setzt einen Akzent zwischen den beiden Fransenborten. Über der Lehne des Klappstuhls aus den 1930er Jahren hängt ein reich bestickter seidener Kissenbezug aus Rabat in verschiedenen Goldtönen. Den weiß-roten Kissenbezug schmückt eine traditionelle Stickerei aus Fez aus dem 19. Jahrhundert.

Links: Die schlichtesten Vorhänge sind oft die schönsten. Dieses hohe Erkerfenster hat Nigel Greenwood sehr hübsch mit Vorhängen aus zwei marokkanischen Tüchern dekoriert, die aus einem Seiden-Baumwoll-Gemisch bestehen und mit einer handgeknoteten Fransenborte abschließen. Das obere Ende wurde umgeschlagen und wirkt so wie ein breiter Querbehang.

Vorhänge

Schon immer verwendete man dekorative Textilien als Fensterschmuck. Die ersten Vorhänge verdienten die Bezeichnung »Schmuck« allerdings kaum, denn sie bestanden schlicht aus Streifen rauen Gewebes, die man vor die Glasscheibe hängte, um die Wärme im Raum zu halten und das einfallende Licht zu dämpfen. Sie erfüllten damit dieselben Funktionen wie heute, doch inzwischen betrachten wir Fenster eher von einem gestalterischen Standpunkt aus: als weiße Leinwände, die die Fantasie zu kreativen Höhenflügen einladen.

So entwickelte sich der Vorhang also von etwas rein Zweckmäßigem zu einem bedeutenden Gestaltungselement. Die ersten Vorhänge im heutigen Sinne bestanden aus einem durchgehenden Stück Stoff. Sie waren die Vorläufer der gegen Ende des 17. Jahrhunderts aufkommenden paarweise angeordneten Vorhänge, für die aufgrund der guten Wärmedämmung meist Wolle als Material gewählt wurde. In der Georgianischen Epoche schätzte man vor allem Seidenvorhänge: Sie brachen das Licht besonders angenehm und ließen sich in ebenso anmutige Falten legen wie die damaligen Kleider. Im 18. Jahrhundert widmete man dem Material und der Farbe des Stoffes für Vorhänge und Draperien große Aufmerksamkeit. Die Zeit der filigranen Querbehänge, gestärkten Volants und Posamenten brach an.

Einige der entzückendsten heute noch gebräuchlichen Fensterdekorationen stammen aus jener Epoche: beispielsweise die schlichte, asymmetrische Draperie über einer Stange oder einem Stab. Farben, Muster und Struktur eines einzelnen Stoffes – eines alten Tuches etwa – können auf diese Weise sehr gut zur Geltung kommen. Auch brachte man breite Bänder in der Art von Querbehängen, doch ohne Vorhang an; so lässt sich eine Spitze oder Stickerei sehr gut verwenden, und notfalls kann man sich mit einer breiteren Stoffbahn als Untergrund

Oben: Nicht allein der Ventilator sorgt für angenehme Kühle in David Abrahams Gästezimmer – die Schals aus Seide und Baumwolle vor den Fenstern tragen das Ihre dazu bei.

Ganz oben: Den Esstisch ziert ein *khadi*-Überwurf aus knittriger Baumwolle mit kleinen Pompons aus Nylon. Die Vorhänge wurden aus Baumwoll-Sarongs mit goldener Borte genäht.

Links: Eine interessante Komposition: Auf den Kissenbezügen aus Baumwollsamt leuchten bunte Pompons aus Nylon. Die durchscheinenden handgewebten Sarongs aus Seide und Baumwolle wurden einzeln aufgehängt und dann übereinander gezogen.

behelfen, wenn die Borte zu schmal ist. Textilien dieser Art entfalten straff gespannt die beste Wirkung. Wichtig bei der Verwendung alter Stoffe als Fensterdekoration ist die Harmonie zwischen Maßstab, Muster und Farbe. Ein reich gemustertes oder farbenfrohes Stück Stoff sollte man einzeln oder in Kombination mit einem sehr schlichten Gewebe anbringen. Selbstverständlich sind dabei die besonderen Eigenschaften eines Materials immer im Auge zu behalten. Ein auffällig gemustertes indisches Baumwolltuch würde in Kombination mit verblasstem geblümtem Chintz seltsam wirken, ließe sich aber mit einem ebenso verblassten Karostoff vielleicht ideal ergänzen.

Jahrhundertelang war es üblich, an zugigen Türen Portieren anzubringen. Entweder wurden sie aus demselben Stoff gefertigt wie andere Behänge oder waren Einzelstücke, die mit der übrigen Einrichtung harmonierten. Heute dient ein Türvorhang eher dekorativen Zwecken, er geleitet sanft von einem Raum in den anderen und kann beispielsweise den Übergang zwischen Schlaf- und Badezimmer hübsch umrahmen. Dabei

Oben: Mit einem solchen federleichten Stoff kann man zwei völlig unterschiedliche Effekte erzielen, je nachdem, ob man ihn glatt hängen lässt oder rafft. Das gewebte Karo hat etwas Klares, Modernes. Der blaue Vorhang auf dem Bild links wirkt demgegenüber voller und weicher.

bleibt es jedem selbst überlassen, den Stil des Zimmers aufzugreifen oder einen Kontrapunkt zu setzen.

Im Allgemeinen sind schlichte Vorhänge meist die bessere Wahl, besonders dann, wenn der Stoff an sich bereits den Blick auf sich zieht. Reich verzierte Kopfteile oder Zierwerk wie schwere Quasten, lange Fransen und Ähnliches müssen mit Bedacht und in der richtigen Umgebung eingesetzt werden. Manche Dekorateure verwenden für Vorhänge aus alten Textilien nicht einmal die herkömmlichen Ringe oder Haken: Anna Bonde beispielsweise drapiert in der Regel alte Leinenlaken, die nur gebügelt und gestärkt werden, über eine Stange aus poliertem Metall. Sie sind ungesäumt und fallen in natürlichen Falten bis auf den Boden, wenn sie zugezogen werden, um das Licht zu dämpfen.

Paarweise aufgehängte Vorhänge müssen keineswegs identisch sein. So lassen sich zum Beispiel Paisley-Shawls wunderbar kombinieren, wenn sie entweder ein sehr ähnliches Muster oder dieselben Basisfarben teilen. Auch uneinheitliche Stücke alten Damasts oder unterschiedlich gemusterte Stoffe harmonieren miteinander, wenn sie farblich verwandt sind.

Auch als Jalousien lassen sich exotische Textilien verwenden. Sie wirken anders als Vorhänge, da sie keine Falten werfen. Mit einer Bordüre oder einem schmalen Stoffrest kann man eine Jalousie sehr eindrucksvoll besetzen. Für Jalousien benötigt man viel weniger Material als für einen Vorhang, sodass auch kühne Muster und leuchtende Farben – etwa eines bedruckten afrikanischen Stoffes – nicht erdrückend wirken.

Oben: Verblasste indische Saris aus dem 20. Jahrhundert (von denen der eine mit Hilfe von schwarzem Tee nachgedunkelt wurde) wurden um ein sonniges Fenster drapiert.

Links: Dieses Badezimmer ist eines Palastes würdig! Die Stoffe wurden mit Nägeln befestigt und oben zu einem Querbehang umgeschlagen. In den Fensternischen wurden eine antike Badewanne und ein bequemer Fenstersitz untergebracht.

Rechts oben und rechts: Michael Trapp zeigt hier, wie man ein Fenster dramatisch in Szene setzen kann. Die umgebende Wand ist mit chinesischem Seidenbrokat aus dem 18. Jahrhundert verkleidet, und die Vorhänge sind auf denkbar einfache Weise mit Ringen befestigt, die so von Reißnägeln gehalten werden, dass der Stoff sich in der Mitte überkreuzen kann.

Rechts: Das schmiedeeiserne Gitter vor dem Fenster wirft durch die dünnen Vorhänge mit einer Einfassung aus gestreifter Baumwolle ein hübsches Muster an die Wand.

Ganz rechts: In warmen Ländern sind solche Bambusjalousien ideal, da sie das Licht etwas dämpfen und jeden Windhauch durchlassen. Um keine Monotonie aufkommen zu lassen, hängte David Abraham eine einzige Bahn handgewebter Baumwolle davor und schuf so ein luftig wirkendes Gesamtkunstwerk.

Oben: Dieses breite Fenster schmücken alte Seidenbehänge aus Fez, deren obere Kanten umgeschlagen wurden. Die Fransenborte verleiht dem Arrangement das gewisse Etwas.

Rechts: Dieses Prachtstück alter französischer Spitze war vermutlich schon immer als Fensterschmuck gedacht. Die Leineneinfassungen sorgen für einen geraden Fall.

Wände und Decken

Von jeher brachten Menschen Textilien als Schmuck an Wänden und manchmal selbst an Decken an. Ungefähr ab dem 14. Jahrhundert verwendete man dafür gewebte Teppiche, und ab dem 17. Jahrhundert sorgten Wandbehänge aus Samt- oder Wollmoquette für Wärme, Behänge aus Seide oder Baumwolle dagegen für sommerliche Frische. Die teils bedruckten oder bemalten Textilien hatten eine unmittelbare Wirkung auf die Atmosphäre des Raumes, in dem sie aufgehängt wurden.

Auch wenn wir heute nicht mehr darauf aus sind, durch das einheitliche Verkleiden von Wänden, Betten und Stühlen einem Raum ein uniformes Dekor zu verpassen, wie es beispielsweise im Frankreich des 17. Jahrhunderts üblich war, kommt es doch immer noch vor, dass Wände und Decken mit Stoff bespannt werden, statt sie zu tapezieren oder zu streichen. Mit Bedacht eingesetzt, kann Stoff im Gegensatz zu Farbe oder Tapete eine wunderbare Tiefenwirkung erzeugen.

Wenn Sie einen alten Stoff verwenden, wird die Menge vermutlich nicht für die gesamte Wandfläche ausreichen. Einst hatte man eine geschickte Methode, teure oder seltene Stoffe in das richtige Licht zu rücken, die auch heute noch Anwendung findet: Zwei oder drei Stoffbreiten werden mit einem kontrastierenden einfarbigen Gewebe oder mit bestickter Seide eingefasst, oder die einzelnen Felder werden zusammengenäht und die Nahtlinien dann mit Borten oder Ähnlichem betont. Bei

Oben links: Ein abgenutzter, verblasster, aber außergewöhnlich schöner Bildteppich aus dem 18. Jahrhundert ist an der Wand entlang dem Treppenaufgang aus der Nähe zu bewundern.

Oben rechts: Blickt man an den mit Stoffen verhängten Wänden im Vordergrund vorbei Richtung Treppenaufgang, wirkt der Bildteppich wie ein warmer Hintergrund für die Sammlung kleiner Objekte auf dem Sekretär.

Rechts: Vielleicht nicht jedermanns Geschmack: Musselin in zwei unterschiedlichen Stärken, wie Polsterer ihn verwenden, wurde so drapiert, dass das kleine Waschbecken aus dem Nichts aufzutauchen scheint.

Die Leinwand mit den kleinen Gemäldemedaillons erinnert an Trompe-l'œil-Malereien. Sie ist sowohl Teil des Bettes als auch Teil der Wand. Eine so ungewöhnliche textile Dekoration wie diese benötigt keine aufwändige Einfassung.

großflächigen Bespannungen wirkt ein zusätzlicher Fransenbesatz ausgleichend und strukturierend.

In einem modernen Ambiente lassen sich Textilien wie Bilder an der Wand arrangieren. Falls man sich für eine Umrahmung aus Stoff entscheidet, darf diese ruhig breit ausfallen, solange sie in einem ausgewogenen Verhältnis zum eigentlichen Werk steht. Statt sie mit einer textilen Einfassung zu versehen, kann man Stoffe auch in Bilderrahmen fassen, die auf die Stärke und das Dessin des Gewebes abgestimmt werden müssen. Traditionell würde man die Wand hinter einem Arrangement aus ›Stoffbildern‹ in einer kontrastierenden Farbe streichen, doch eine subtilere Wirkung lässt sich mit einem Ton aus der Palette des verwendeten Stoffes erzielen, der vielleicht nur eine Nuance heller oder dunkler ist. Eine andere, im 18. Jahrhundert gängige Gestaltungsweise verlangt heute schon etwas Wagemut: Damals trennte man die einzelnen Felder der Wandbehänge über die gesamte Wandhöhe mit textilen Säulenimitationen, die vermutlich aus bedruckter Baumwolle oder Seide zugeschnitten wurden. Wandbehänge aus Seide, Seidendamast oder Chintz sorgen jedoch auch heute noch für ein frisches, modernes Ambiente.

Wenn Ihnen für eine Wand nicht genug Stoff zur Verfügung steht, dann folgen Sie einfach dem Beispiel vieler Designer, die ein einziges Stück Gewebe (insbesondere gestärkte Materialien wie Leinwand) gerahmt oder lose als Türschmuck befestigen.

Oben: Wie rechts vom Fenster zu sehen, wurden die Wände des Raumes mit losen Bahnen chinesischen Goldbrokats verhängt. Die Decke verwandelt thailändische Seide in einen Baldachin, der Ecken und störende Kanten verschwinden lässt. Seide verbreitet im Unterschied zu schwereren Materialien einen luftigen, fließenden Eindruck.

Rechts: Hier schmücken breite Stoffbahnen mit tiefroten Fransen die schrägen Wände und Decken. Über die hochlehnigen Stühle wurden *kabné khiras* gebreitet – Überwürfe aus den Schals buddhistischer Priester aus Bhutan.

EDITH WHARTON'S ITALIAN GARDENS
PLANT KINGDOMS: THE PHOTOGRAPHS OF CHARLES JONES

Streicht man die Umgebung der Tür in passenden Farben oder bemalt eine dünne Holzplatte als Untergrund für wertvolle Stoffe in einem passenden Ton, wird das Werk mit Sicherheit die Blicke auf sich ziehen.

Ein gesamtes Zimmer mit lose hängenden Stoffbahnen auszukleiden oder die Wände zu bespannen ist in der Raumgestaltung seit jeher beliebt. Im 19. Jahrhundert ließ man die Stoffe gerade, rechteckig gefaltet oder in ausladenden Girlanden herabhängen. Gemusterte Gewebe dienten häufig als Bordüren, Schnitzereien oder Stuckfriese als ›Rahmen‹. Der moderne Geschmack gibt schlichteren Gestaltungen den Vorzug.

Die Ausdruckskraft von Textilien als Wanddekoration lässt sich nicht leugnen. Mit lose befestigten Stoffen kann man beispielsweise eine theatralische Wirkung erzielen. Gerade niedrige Räume profitieren von textilen Gestaltungselementen an Wänden und Decke. Dazu befestigt man leichte Stoffe wie Sariseide oder Musselin an verschiedenen Punkten der Wandoberkante sowie im Zentrum der Decke.

Oben: Die Wand neben den Paisley-Shawls, die als bodenlange Vorhänge dienen, ist durchgehend mit einem zeitgenössischen, großflächig karierten Webstoff bespannt, in dem sich einzelne Farbtöne der Shawls wiederfinden. Über das Sofa wurde ein tibetischer Teppich gebreitet.

Rechts: Es erfordert Mut und Stilsicherheit, für eine Schlafzimmerwand ein solches Schachbrettmuster zu wählen. Doch wie man sieht, verbreitet es hier eine angenehme, warme Atmosphäre und harmoniert mit dem bedruckten indischen Bettüberwurf aus Baumwolle.

Links: Dieses schmale Stück bestickten Webstoffes aus Seide, der hier als Blende für einen Türrahmen dient, stammt aus dem 19. Jahrhundert und erfüllte ursprünglich möglicherweise liturgische Zwecke.

Oben: Der französische Waffelsamt aus dem 19. Jahrhundert passt hervorragend zu der leuchtend rot lackierten Tür. Die Wände sind nicht, wie es den Anschein hat, mit einem sehr teuren Damast bespannt, sondern mit einem bedruckten Stoff, der wahrscheinlich aus Nigeria stammt und aus dem normalerweise Kleidung gefertigt wird.

Oben: Als Ausgangsmaterial für diese auffallenden Vorhänge dienten handgewebte indische Baumwollshawls. Mittels einer komplizierten Technik wurden ungewöhnlich große Schwarzweißmotive eingewebt.

Rechts: Ein altes französisches Blumenmuster wurde in frischen Farben auf ein Baumwollgewebe aus Jaipur gedruckt und der Stoff dann mit einem schweren Saum versehen, damit er schön fällt. Der Vorhang verhüllt alle vier Wände des Raumes: eine ideale Lösung, um unschönes Mauerwerk zu kaschieren und einem Zimmer Opulenz und Wärme zu verleihen. Der marokkanische Teppich auf dem Tisch hebt das Rot der gedruckten Blüten hervor.

Oben: Diese in Schablonentechnik gefertigte venezianische Chinoiserie stammt aus dem 18. Jahrhundert und sollte ursprünglich wohl als Wandbespannung dienen. Die Leinwand wurde mit speziellem Textilkleber bahnenweise auf das Holz geklebt, das sie so zugleich einrahmt.

Falls die Stoffe eine Webkante haben, kann auf Bänder oder Borten als Einfassung verzichtet werden. Es ist durchaus denkbar, dass Decken- und Wandbespannung leicht voneinander abweichen – warum nicht mit Schattierungen derselben Grundfarbe oder unterschiedlich schweren Stoffen arbeiten?

Ein überdimensionaler Vorhang auf einer ringsum an den Wänden verlaufenden Stange hat gleichfalls eine bestechende Wirkung, wenn die Bahnen in weichen Falten bis auf den Fußboden fallen und eventuell mit Bändern oder Borten eingefasst sind. Auf diese Weise lassen sich unschöne Wände hervorragend kaschieren. Außerdem müssen die verwendeten Stoffe weder zerschnitten noch auf einer Unterlage befestigt werden – ein wichtiger Aspekt, wenn es sich um Sammlerstücke handelt. Generell eignen sich als Vorhänge sowohl schwere Stoffe als auch luftige Materialien wie Gaze, hauchdünne Seide oder Musselin, die in mehreren Schichten übereinander drapiert werden können. Der Fantasie sind hierbei keine Grenzen gesetzt.

Links und oben links: Schöne Textilien verleihen einer Tafel besonderen Glanz. Sie sind oft strapazierfähiger, als man annimmt. Hier ein in Rot gehaltenes amerikanisches Baumwolltischtuch mit passenden Servietten aus dem 19. Jahrhundert. Diese Farbe namens »Turkey Red« war damals in England und Nordamerika sehr beliebt. Gläser und Porzellan entstammen derselben Epoche.

Oben Mitte und rechts: Zwei interessante Textilien machen einen schlichten Tisch sofort zum Blickfang: ein viktorianischer Plüschteppich über einem bedruckten Baumwollstoff der französischen Manufaktur Boussac.

Tischwäsche

Tische bieten unendlich viele Möglichkeiten für das Inszenieren dekorativer Textilien, die eine sonst eintönige Fläche in eine wahre Augenweide verwandeln können. Schmale Textilien wie reich bestickte Klingelzüge oder Shawls können längs über den Tisch gelegt werden; größere Stücke wie alte Behänge oder Webstoffe machen sich in der Tischmitte gut. Ein Shawl – etwa aus bestickter Seide oder mit gewebtem Paisleymuster – wirkt immer prächtig, zumal wenn er mit langen Fransen besetzt ist.

Früher schmückte man eine Tafel gern mit Teppichen, die zu kostbar waren, um sie auf den Boden zu legen. Diese Idee kann man heute wieder aufgreifen: Teppiche, gleich welcher Größe, gelangen so zu neuen Ehren; selbst ein kleineres, über Eck in der Tischmitte platziertes Exemplar sieht bezaubernd aus.

Ein Quilt, ob mit Steppstichen verziert, in Patchwork- oder in Applikationstechnik gearbeitet, bildet einen wunderbaren Untergrund für eine Glas- oder Silbersammlung, für Blumenvasen oder Bücher. Während der Mahlzeiten empfiehlt es sich, ein waschbares Tischtuch darüber zu legen, damit das kostbare Stück nicht allzu stark strapaziert wird.

Oben: Übereinander gelegt, verbreiten edle Stoffe einen Hauch von Luxus. Hier bildet schweres Leinen eine majestätische Unterdecke für ein fransenbesetztes Damasttuch, das die Farben der marokkanischen Krüwellstickerei der obersten Decke harmonisch unterstreicht.

Rechts: Die Maße eines Tuches müssen nicht immer denen des Tisches entsprechen: Die Decke mit auffallender Krüwellstickerei hat gewiss nicht die passende Größe für das Tischchen, doch die Gesamtwirkung überzeugt.

Oben links: Diese Verandasitzgruppe aus Beton wirkt außerordentlich massiv. Freundliche, bunte Tischtücher in den verschiedensten Farben brechen die strengen Strukturen auf – unterstützt von Schalen voll leuchtender Blüten.

Links: Nichts wirkt so einladend wie ein Tischtuch in strahlenden Farben. In diesem Fall handelt es sich um einen alten bedruckten Baumwollstoff aus Frankreich mit Blumen- und Streifenmuster. Dazu passen Rosen in denselben Farben.

Oben: Ein Arrangement der besonderen Art: ein orientalischer Morgenmantel mit Blumenmuster über einem kleinen Hängeregal bildet den Blickfang hinter dem mit einem Shawl dekorierten Tischchen. Der Shawl stammt aus dem 19. Jahrhundert und besticht durch seine prächtige Fransenborte.

Oben und rechts: Das Muster dieses aufwändigen indianischen Patchwork-Quilts mit Applikationen nennt sich »Seven Sisters«. Der Quilt bildete den Ausgangspunkt für Mary Drysdales Bettdekoration. Vorhänge und Volants wurden aus ungefütterter karierter Seide genäht. Paradekissen und Bettüberwurf sind mit Krüwellstickereien in Lindgrün bedeckt.

Schlafstätten

Betten wurden schon immer prachtvoll geschmückt: So gehörten Bettdraperien früher zu den kostspieligsten Gegenständen eines Haushaltes, und Bettwäsche sowie Tagesdecken mit aufwändigen Stickereien sind für uns moderne Menschen Kunstwerke. Auch heute bietet das Bett immer noch den perfekten Rahmen, um dekorative Textilien in Szene zu setzen. Zahlreiche Geschäfte verkaufen ausgefallene Häkelarbeiten oder alte Spitzen, mit denen man schlichte Laken und Kopfkissenbezüge verzieren kann.

Eine Vielzahl von Kissen auf einem Bett zu drapieren ist gewiss die einfachste Art und Weise, ihm etwas Einladendes zu verleihen. Dazu eignen sich sowohl traditionell verzierte als auch speziell gefertigte Bezüge. Besonders gut machen sich am Kopfende große quadratische Paradekissen, für deren Bezüge man beispielsweise eine größere Menge eines Stoffes aus der eigenen Sammlung verarbeiten kann, vorausgesetzt, das Dessin ist passend.

Eine individuelle Note erzielt man durch das Kombinieren von Mustern. Einst wurden Bettdecke oder Tagesdecke ebenso aufwändig verziert wie die Bettvorhänge und der Baldachin. Stellen Sie sich das Bett als Leinwand eines Künstlers vor, die darauf wartet, ausgefüllt zu werden – mit einem antiken Quilt oder bestickten Shawls zum Beispiel. Ein beschädigter Stoff kann immer noch gefaltet über das Fußende gelegt oder zugeschnitten werden, um ein Kopfteil zu bedecken. Einen reizenden Anblick bietet ein Baldachinbett, kombiniert mit aus alten Leinenlaken gefertigten Vorhängen oder einem Wandbehang beziehungsweise alten Bildteppich, der als Blickfang an der Wand hinter dem Kopfende angebracht wird.

Das Himmelbett erlebt gerade eine Renaissance, weshalb es nicht schwer fällt, schöne zeitgenössische Exemplare zu finden. Statt das manchmal eher massive

Links: Ein schwerer weißer Leinenstoff schmückt die Wand hinter dem Kopfende dieser Liege, und eine amerikanische Häkelarbeit aus dem 19. Jahrhundert bildet einen prächtigen Querbehang.

Rechts: Der Hintergrund dieses modernen Himmelbetts wurde mit edlen Baumwollschals, das Bett selbst mit einem *ikat* sowie einem Überwurf aus Waffelgewebe geschmückt. Auf den Kissenbezug aus Dupionseide wurde Samt appliziert; ein weiterer Bezug ist in Patchworktechnik gearbeitet.

Unten: Bestechend schlicht: Die Matratze liegt auf einem *dhurrie* und ist mit einem *khadi* bedeckt. Die durchscheinenden himbeerfarbenen Baumwollvorhänge mit eingewebtem Muster unterstützen die friedvolle Atmosphäre.

Links: Der Ausschnitt zeigt kunstvoll durchbrochene Spitze, die für die Kanarischen Inseln charakteristisch ist.

Erscheinungsbild alter Himmelbetten zu imitieren, zeichnen sich die heutigen Modelle meist durch eine grazile Konstruktion aus und sind oftmals aus Metall statt aus Holz gefertigt. Deshalb sollten auch die Draperien Leichtigkeit ausstrahlen. Um Betten zu schmücken, eignen sich schmale Gewebe wie Paisleystoffe, gestreifte Norwich-Shawls oder ätherische Saristoffe mit verschiedenen Mustern und ein bis zwei Basisfarben hervorragend. Viel mehr Schmuck bedarf es nicht, um eine hübsche, einladende Ruhestatt zu schaffen.

Folgende Doppelseite: Der gestreifte schwedische Leinenstoff, der hier als Überwurf dient, passt hervorragend zu dem schlichten Bett. Da der Stoff zu schmal war, wurde er einfach auf ein Stück altes Leinen genäht. Einen hübschen Blickfang bilden die farblich passenden Kissen.

In dem Schlafzimmer zur Rechten wurden die blauen Fensterläden zum Leitmotiv. Das große Kissen ist mit einem russischen Karostoff bezogen, das kleine mit einem filigranen Muster in Dunkelrot bestickt. Der Bettüberwurf und die Tischdecke stammen aus Jaipur.

Oben: Das Bett in Christophe Golluts Haus auf Gran Canaria lädt zu einem Nickerchen ein. Die blau-weiße gequiltete Decke stammt aus Bhutan, die Laken wurden auf den Kanarischen Inseln und die Wolldecken in Finnland gefertigt.

Rechts: Tagsüber verwandelt sich das edle Empire-Bett in ein Sofa: Der Nachttisch wird zur Seite geschoben und das Bett mit einer ägyptischen Tagesdecke bedeckt. Die Wand im Hintergrund schmückt eine französische Verdure.

Polsterstoffe

Wenn es um die Wahl eines Bezugsstoffes geht, muss die Vernunft nicht immer das letzte Wort haben. Wer einen eindrucksvollen Effekt erzielen möchte, sollte sich daher nicht scheuen, auch einmal ein etwas empfindlicheres Gewebe zum Beziehen von Polstern zu verwenden. So wird die Idee, einen Schlafzimmerstuhl oder -hocker mit altem, verblasstem Chintz oder einem bestickten Leinentischtuch zu beziehen, Puristen vielleicht widerstreben, dem fertigen Werk wird man einen besonderen Charme jedoch nicht absprechen können. Früher standen bei der Wahl eines Polsterbezugs zumeist seine Strapazierfähigkeit und Lebensdauer im Vordergrund. Im 18. Jahrhundert entwickelte man deshalb besonders haltbaren Damast und Stoffe aus gewebtem Rosshaar, insbesondere für Esszimmerstühle.

Unten links: Auf den ersten Blick wirkt das traditionelle französische Karo einheitlich, doch beim zweiten Hinsehen entdeckt man, dass die Muster sich voneinander unterscheiden.

Unten: Bei unruhigen, uneinheitlichen Polsterstoffen muss die Umgebung dem Auge Oasen der Ruhe bieten. Hierzu eignen sich große Flächen in gedeckten Farben hervorragend.

Links: Dieser antike französische Stuhl wurde mit verblasstem Stoff bezogen, der so filigran bestickt ist, dass er von weitem beinahe wie Damast wirkt.

Gerade bei Esszimmerstühlen bietet sich ein harmonischer Mix aus Bezügen mit unterschiedlichen Mustern an, wirkt er doch freundlich und sehr persönlich. Heutzutage stehen häufig nur zwei oder vier Stühle ständig am Tisch, während die restlichen anderswo im Haus zu finden sind. Der Esstisch selbst ist zu einem Universalmöbel geworden, und wenn er, wie es heute oft der Fall ist, in der Küche oder im Wohnzimmer steht, werden an ihm nicht nur die Mahlzeiten eingenommen, sondern auch Arbeiten erledigt,

Oben rechts: Ein bequemer Armlehnsessel wurde mit Stücken eines türkischen Kelims aus dem 19. Jahrhundert bezogen. Das heitere Webkissen aus Marokko stammt aus dem frühen 20. Jahrhundert.

Oben links: Das Sitzkissen auf der steinernen Bank wurde mit kostbarer französischer Seide aus den 1840er Jahren bezogen, die denselben Blauton enthält wie die Wand im Hintergrund.

Links: Der Bezug dieses alten Melkschemels wurde im 19. Jahrhundert in Amerika hergestellt und war ursprünglich ein *hooked rug*.

Hausaufgaben gemacht oder Briefe geschrieben.

Stehen Stühle nicht immer am selben Platz, sind unterschiedliche Bezüge kein Problem: Ideal sind solche, die zwar in eigenständigen, charakteristischen Farben oder Mustern gehalten sind, aber dennoch in ein übergeordnetes Dekorationsschema passen. Sammlern alter Webstoffe, Wandbehänge oder Stickarbeiten bieten sich hier wunderbare Möglichkeiten. Auch traditionelle Beispiele der Polsterkunst sind eine reiche Inspirationsquelle: Früher bezog man die Stuhlbeine manchmal mit demselben Material wie den Sitz, malte sie in den Farben des Bezuges an oder imitierte sogar dessen Muster.

Vor einigen Jahren kam es in Mode, Sofas, Stühle und Hocker mit Kelims oder anderen gewirkten Teppichen zu beziehen.

Rechts: Der Sessel mit einem Polsterstoff aus den 1930er Jahren wurde um einen alten Klapphocker mit einem passenden bestickten Bezug ergänzt.

Inzwischen ist man dazu übergegangen, Fragmente alter Kelims in die Bezüge zu integrieren oder aber für Sitzpolster und Lehne verschiedene Gewebe zu kombinieren. Dies hat den Vorteil, dass Reste etwa eines schönen Teppichs präsentiert werden können, die für andere Verwendungszwecke zu klein wären.

In den 1920er Jahren kam ein interessantes Verfahren zur Verwendung von Teppichstreifen auf: Damals bezog man Sofas und Sessel mit Samt oder Moquette und nähte einen gerade in der Mitte verlaufenden Streifen Teppich auf. Christophe Gollut nahm diese Idee wieder auf, experimentierte aber auch mit anderen Materialien. Er arbeitet gerne mit gewebten oder bestickten Stoffstreifen sowie mit Posamenten als Blickfang auf Esszimmer- oder Dielenstühlen: Eine breite Borte oder ein Band wird einfach auf den Bezugsstoff geheftet und eventuell auf der Rückseite weitergeführt. Ähnlich lassen sich Stickarbeiten verwenden, die für Bezüge zu klein sind. Mittig auf ein Polster genäht, sehen sie reizend aus und können ohne

Oben: Diese Sitzecke im Freien wirkt durch die klaren Linien und sonnigen Farben so freundlich und einladend. Trotz der vielen bunten Kissen ist das gestalterische Konzept deutlich erkennbar. Gelb und Rot dominieren gegenüber kleinen ›Inseln‹ aus leuchtendem Grün. Die symmetrisch angeordneten gefalteten Bahnen gewebter Baumwolle bringen verwandte Farbtöne ein.

Rechts unten: Um ein Sofa aufzuwerten, muss es nicht gleich neu bezogen werden. Manchmal tun es schon ein paar gleich große Kissen mit schlichten, farblich passenden, ansprechenden Bezügen.

Rechts oben: Diese Liegestühle mit ungewöhnlich schweren Leinenbezügen und auflockernden Fransenborten rufen unwillkürlich Urlaubserinnerungen wach.

Unten: Auf der Lack-Récamiere aus dem 18. Jahrhundert türmen sich Kissen mit Bezügen aus den verschiedensten Ländern und Epochen, darunter erlesene Exemplare aus gelber chinesischer Seide aus dem 19. Jahrhundert mit klassizistischen Mustern, chinesische Stickereien, marokkanische Handarbeiten und europäische Baumwollstoffe. Der viktorianische Hocker im Vordergrund blieb original erhalten.

viel Aufwand wieder abgetrennt werden, wenn man sie anderweitig verwenden möchte.

Polsterstoffe mit Abnutzungsspuren lassen sich partiell durch farbverwandte oder kontrastierende Stoffe ersetzen. Dies ist bei einem frei stehenden Möbel, wie etwa einer Chaiselongue oder einem Sessel, besonders effektvoll, da es aus verschiedenen Blickwinkeln betrachtet werden kann. Selbstverständlich können Sie auch lose Sitzkissen mit einem alten Stoff aus Ihrer Sammlung neu beziehen.

Einst verwendete man beim Polstern Besätze in großer Vielfalt. Edle Stücke wurden so auf das Prächtigste ausstaffiert, weniger edle ein wenig aufgewertet. Fransen aller Art, Quasten, Rosetten, Kordeln und Bänder standen zur Verfügung. Fransen, die den wechselnden Moden am stärksten ausgesetzt waren, erlebten ihre Hochzeit in der Viktorianischen Epoche. Alte Posamenten – an Sofas und Stühlen beispielsweise kunstvolle Borten – setzen auch heute noch augenfällige Akzente. Dabei müssen keineswegs alle Möbel mit der gleichen Bordüre geschmückt werden.

Heutzutage werden immer öfter auch Gärten mit in die Dekoration einbezogen; man schafft sozusagen ›Räume‹ im Freien, und Polsterstoffe spielen hier natürlich eine bedeutende Rolle. Eine ungewöhnliche Lösung ist auf Seite 101 zu sehen: Ohne viel Umstände wurden dort Reste marokkanischer Kelims auf die Leinenbezüge von Regiestühlen genäht, die als Gartenmöbel dienen. Auch der zugehörige Tisch in dem kleinen Innenhof ist mit einem Kelim bedeckt – eine simple Idee mit großer Wirkung.

Oben: Die Sitzfläche dieses hübschen Dielenstuhls bekam einen neuen Webstoffbezug. Ein Streifen englischer Tapisserie aus dem 19. Jahrhundert wurde einfach aufgenäht.

Rechts: Das französische Sofa aus der Zeit Napoleons III. hat noch seinen ursprünglichen bedruckten Moquettebezug mit Fransenbehang. Die beiden Kissenbezüge sind aus prächtigem marokkanischem Stoff genäht.

Links: Der moderne Bezug des alten Sofas imitiert ein traditionelles amerikanisches Korbmotiv. Seine Lebendigkeit bezieht das Arrangement aus der auffallenden, doppelt gewebten walisischen Decke in leuchtenden Senf- und Brauntönen.

Rechts: Der Kissenbezug wurde aus einem ungewöhnlichen Material gefertigt: Die Bänder dienten ursprünglich zum Umwickeln von Zigarren. Selbstverständlich lassen sich auch andere Materialien auf diese Art verarbeiten.

Sofas

Unser heutiges Sofa entstand aus einer einfachen Bettstatt, der *couche* oder *couchette,* deren frühe Vertreter auf Fresken und Gefäßen der Antike zu bewundern sind. Nach und nach entwickelte sie sich zu einem an einer Seite begrenzten Ruhebett und später zu einer Art Sofa ohne Rücklehne, doch mit zwei Seitenlehnen, einer Récamiere. Bis zum richtigen Sofa bedurfte es nur noch eines kleinen Entwicklungsschritts.

Ein Sofa bietet sich ebenso wie ein Bett dazu an, Textilien, insbesondere große Tücher, zur Schau zu stellen. Sofas – und die Wohnzimmer, in denen sie gewöhnlich stehen – lassen sich im Allgemeinen in zwei Kategorien unterteilen: in die Kategorie aufgeräumt und formell einerseits und die Kategorie unordentlich und zwanglos andererseits. Bevor man mit dem Dekorieren beginnt, sollte man sich darüber klar werden, welches Gepräge in den eigenen vier Wänden herrscht.

Überwürfe, gewöhnlich in Form von Decken oder Teppichen, sind nach wie vor

Oben: In diesem Schlafzimmer herrscht wohldurchdachte Nachlässigkeit. Klassisch feminines Weiß-in-Weiß bestimmt das Bett mit den akkurat aufgereihten Paradekissen. Als Kontrast wurde die weiße Couch am Fußende mit auffallend gemusterten Kissen geschmückt: Bedruckte Baumwollkissen aus Frankreich bilden den Hintergrund für drei chinesische Kissen mit Stickereien und eine prächtige französische Damastnackenrolle aus dem 19. Jahrhundert.

in Mode und hervorragend dazu geeignet, einem modernen Ambiente eine persönliche Note oder einer Couch ein neues Gesicht zu verleihen.

Einfarbige oder mit geometrischen Mustern versehene Stoffe wirken am besten gefaltet oder akkurat über eine Lehne gehängt. Üppige Gewebe mit Blumen-, Paisley- oder Bildmotiven dagegen dürfen lässiger drapiert werden. Mit losen Stoffen lassen sich die gleichen Effekte erzielen wie mit einem Polsterbezug, doch hat man den Vorteil, sich nicht festlegen zu müssen, sondern jederzeit umdekorieren zu können. Um zu verhindern, dass der Stoff verrutscht, steckt man ihn einfach an den Seiten fest. Mit der Rückenlehne kann man genauso verfahren – oder den Stoff einfach überschlagen.

Überraschende Effekte lassen sich mit Leinen und Spitze kreieren. Wo sieht man das schon: ein knisternd gestärktes Tuch, eine alte Tischdecke oder ein großes Laken über ein Sofa geworfen, darüber ein prächtiges handbesticktes oder mit Monogrammen versehenes Handtuch als Mittelstück …? Greifen Sie ruhig ins Volle! Und zur Abrun-

Links: Drei Sofakissen mit Seidenbezügen im Detail. Die Farben entstammen derselben Palette und sind doch unterschiedlich genug, um in Kombination miteinander nicht fade zu wirken. Chinesische Stickerei und europäischer Damast ergänzen einander hervorragend.

Rechts: Chinesische Wandbehänge mit ihren unnachahmlichen leuchtenden Farben und prunkvollen Posamenten sind sehr empfindlich. Sie sollten, wie hier, nur als Überwürfe für Sofas verwendet werden, die eher zur Zierde als zum Sitzen gedacht sind.

Links oben: Ein subtiles Farbenspiel in Brombeertönen: Als verbindendes Element zwischen Sofa und gemustertem Teppich fungiert hier ein gestreiftes syrisches Seidentuch.

Links: Auf Christophe Golluts Sofa findet das Tuch eines Autowäschers aus Gambia als Sofakissenbezug neue Verwendung.

Oben: Für eine Komposition wie diese bedarf es einiger Übung im Umgang mit Farben. Ganz unterschiedliche Kissen zieren das Ruhebett mit dem brombeerfarbenen Samtbezug: weiß-purpurfarbener Baumwollstoff aus Gambia, moderne Nadelarbeiten in Blau- und Rosatönen sowie ins Rosa changierende mauvefarbener Damast. Ein harmonisches Bild entsteht, weil der Grundton einheitlich ist. Der Hocker vor dem Sofa ist mit einer perlenbestickten Berliner Wollarbeit auf auberginefarbenem Grund bezogen.

Unten: Shawls, Gewänder von früher sowie eine Sammlung von Kissen, darunter eines, das mit altem spitzenbesetztem Goldsamt bezogen ist, verwandeln dieses Sofa in ein Lager wie aus dem Barock.

Rechts: Lynn von Kersting drapierte über die Sitzfläche dieses bemalten italienischen Ruhebetts aus dem 19. Jahrhundert einen Fortuny-Stoff des frühen 20. Jahrhunderts und vervollkommnete das Bild mit Kissen, die einst ihrer Großmutter gehörten. Farbliche Akzente setzen zwei Kissenbezüge aus dem 19. Jahrhundert: Einer ist bestickt und stammt aus Indien, ein anderer aus der Türkei.

Links: Eine Detailaufnahme des Sofas von Lynn von Kersting: Alte türkische Stickerei vor gestärktem weißem Aussteuerleinen. Ein derartiger Kontrast verhindert, dass ein Arrangement wie Zuckerwerk wirkt.

Rechts: Das Mischen von Gegenständen aus unterschiedlichen Kulturen wirkt immer erfrischend: Das strenge Sofa aus dem 19. Jahrhundert wurde mit altem Seidendamast bezogen. Akzente setzen ein Seidenüberwurf aus Bhutan, der in der Mitte der Sitzfläche festgesteckt wurde, und die dunkler bezogenen Kissen.

dung breiten Sie vielleicht kleine Leinen- oder Baumwolltücher über die Armlehnen.

Selbstverständlich sind auch Bezüge nicht zu verachten. Dafür eignen sich alte und exotische Textilien aller Art. Der Charme von altem Samt, besonders Seidensamt, wächst, wie der von Leder, mit zunehmendem Alter; abgenutzte oder verblichene Stellen verleihen dem Material Charakter. Die Vorderseite der Armlehnen und die Blende von eduardinischen oder viktorianischen Sofas wurden manchmal mit einfarbigem Samt bezogen, der mit dem schwereren Webbezug harmonierte – eine Technik, die sich auch heute sehr wirkungsvoll einsetzen lässt. Wenn verschieden schwere Textilien auf diese Weise kombiniert werden, eignen sich schmale Bänder oder Kordeln in einem Zwischenton zur Betonung der Nähte.

Ganz rechts: So klein sie auch sein mögen – seltene und kostbare Stofffragmente, hier Toiles de Jouy, lassen sich immer zu Kissenbezügen verarbeiten. Der Charme dieses Ensembles macht weiteres Beiwerk überflüssig.

Rechts oben: Alle diese Kissenbezüge bestehen aus indischer Seide, einer davon ist in sich gemustert. Die verschiedenen Farbtöne und Oberflächenstrukturen verleihen der Gruppe eine lebendige Ausstrahlung.

Rechts Mitte: Dieses Arrangement lebt vom Kontrast in Farbe und Musterung. Als Detail bemerkenswert sind die bezogenen Zierknöpfe.

Rechts unten: Eine kleine, empfindliche Stickarbeit wurde auf einen Damastbezug appliziert. Den Hintergrund bildet ein blassblauer Damast mit versenkten Polsterknöpfen.

Kissen

Obgleich Kissen eher als modernes Accessoire der Raumgestaltung gelten, sind sie seit jeher Bestandteil von Einrichtungen. Gemälde aus der Renaissance beispielsweise zeigen Interieurs mit Kissen, und in mittelalterlichen Inventarlisten wurden sie oft unter den beweglichen Besitztümern aufgeführt. Kissen verbreiteten Behaglichkeit, und besonders prunkvolle Exemplare galten überdies als Statussymbole.

Im 17. Jahrhundert wurden Kissenbezüge gewöhnlich aus Tapisseriematerial gefertigt oder bestickt (häufig mit Wappen) sowie mit Fransen, Quasten und Borten verziert. Die Kissen selbst erfüllten von Land zu Land unterschiedliche Funktionen: In Nordeuropa zierten sie Stühle und Bänke, in südlicheren Regionen, in denen der orientalische Einfluss spürbarer war, lagen sie als Sitzgelegenheiten auf dem Boden.

Heutzutage vertreten Dekorateurinnen und Dekorateure durchweg die Ansicht, dass raffinierte Kissen einen wesentlichen Bestandteil eines Interieurs darstellen. Manche sind sogar der Meinung, dass bei

einer gelungenen Dekoration eine sorgfältig ausgewählte Sammlung von Kissen in unterschiedlichen Größen und Dessins keinesfalls fehlen darf: Mit Kissen lockert man große gepolsterte Flächen auf und bringt Farbe und Abwechslung ins Spiel. Außerdem gewinnt jedes Zimmer durch schöne Kissen an Charakter und Komfort.

Für Textiliensammler sind Kissen eine ideale Möglichkeit, interessante Stoffe dekorativ darzubieten. In den Augen so mancher Dekorateurin sollten für Kissenbezüge nur alte Textilien Verwendung finden. »Alt« ist dabei nicht unbedingt mit »teuer« gleichzusetzen. So lassen sich Fundstücke aus den Tiefen einer Schublade oder eines Wäscheschrankes als Einsätze oder breite Zierborten verwenden. Ein einzelnes besticktes Leinenhandtuch, ein zerrissener Shawl oder ein Taschentuch aus

Ganz links: Um dieser zarten indischen Stickerei Halt zu verleihen, wurde sie auf ein stabileres Untergewebe geheftet.

Links oben: Die Applikationen sind mit Stickstichen eingefasst.

Oben: Für die Sitzkissenbezüge wurden unterschiedliche Petit-point-Stickereien neueren Datums ausgewählt.

Rechts: Eine hübsche Sammlung von Kissen, die in traditionelle Stickereien aus Fez gehüllt sind.

Ganz rechts: Bedruckte Stoffe derselben Epoche und Art (hier französische Baumwolle) bilden wundervolle Ensembles.

der Zeit des Art déco, das Fragment eines Paisley-Shawls oder eines alten Teppichs – all diese für sich genommen recht verloren wirkenden Stücke können als Kissenbezüge zu neuen Ehren gelangen.

Auch zarte Textilien wie Spitze, deren ganze Schönheit sich dem Betrachter nur aus der Nähe erschließt, kommen auf einem Kissen wunderbar zur Geltung, wenn sie mit einem einfarbigen Stoff in einer kontrastierenden Farbe unterlegt werden. Für solche Bezüge eignen sich die winzigsten Reste eines interessanten Stoffes. Die Borte eines Paisley-Shawls beispielsweise kann auf weißem Leinenhintergrund präsentiert werden oder lässt sich Ton in Ton mit Schwarz oder einem dunklen Rotton kombinieren.

Vielleicht haben Sie sich noch nie Gedanken über das Arrangieren von Kissen gemacht, doch dies ist ein sehr wichtiger Punkt; denn meist fällt nicht ein außergewöhnlich schönes Einzelexemplar ins Auge, sondern eine geschickt zusammengestellte Gruppe von Kissen in allerlei Größen mit verschiedenfarbigen, unterschiedlich gemusterten Bezügen. Von einem Kissenarrangement sollte etwas Spielerisches ausgehen, besonders dann, wenn die Bezüge aus einem Sammelsurium von exotischen, alten und neuen Stoffen bestehen.

Beim Nähen von Kissenbezügen ist ein gewisses ästhetisches Fingerspitzengefühl erforderlich, um entscheiden zu können, mit welchem Stoff etwa der Rest einer Stickerei harmoniert. Das Arrangieren der Kissen lässt sich mit dem Aufhängen von Bildern vergleichen. So spielt der Hintergrund, also das Sofa, das Bett oder der Stuhl, eine wichtige Rolle. Auch lassen sich Kissen ganz bewusst als ›Farbtupfer‹ und in diesem Sinne als verbindendes Element zwischen Polsterstoff und Wanddekoration einsetzen.

Kleinformatige Kissen und solche, die in den gleichen Stoff gehüllt sind, kommen in der Gruppe besser zur Geltung als einzeln. Getreu dem Motto »Probieren geht über studieren« lässt sich durch Herumexperimentieren schnell die beste Lösung für ein Arrangement finden. Nur selten wirkt ein einzelnes Kissen optimal, es sei denn, es wurde speziell für das jeweilige Möbelstück angefertigt oder der Bezug hat ein wirklich atemberaubendes Muster.

Zu guter Letzt sollte man den eigentlichen Zweck eines Kissens nicht aus dem Auge verlieren: Es dient dazu, den Komfort von Möbelstücken zu erhöhen, und darf daher auf keinen Fall zu klein ausfallen.

Oben: Das prachtvolle Kissen mit einem Bezug aus chinesischer Seide des 18. Jahrhunderts auf einem antiken Stuhl zu platzieren ist ungewöhnlich, aber überzeugend.

Links: Ein schönes Durcheinander aus verschiedenen südamerikanischen Webstoffen und Kissen mit Applikationen.

Oben: Die Bezugsstoffe stammen von den Banjara, einem indischen Nomadenvolk. Links ist eine mit Kaurimuscheln verzierte Aussteuertasche zu erkennen.

Oben: Die Hülle für das vordere Kissen besteht aus reich besticktem marokkanischem Samt, die für das hintere aus einem Stück Paisleystoff. Die cremefarbene Fransenborte sorgt für den nötigen Kontrast gegenüber dem Fortuny-Gewebe, mit dem das Ruhebett bezogen ist.

Rechts: Hier wurde Paisleystoff passend zugeschnitten und auf gleich große schwarze Kissenbezüge appliziert. Von dem dunklen Hintergrund heben sie sich sehr gut ab.

Ganz rechts: Der bemalte Kissenbezug aus Fell stiehlt dem handgearbeiteten Filzbezug von Mary Kirk und einer Wolldecke von Isobel Frayss die Schau.

Unten: In Lynn von Kerstings ›Textilzimmer‹ gleicht kein Stoff dem anderen. Die Fülle der Muster droht einen zu überwältigen, und doch strahlt der Raum Harmonie aus. Das hängt mit der sorgfältigen Farbkomposition zusammen. So haben der verblichene Chintz auf dem Sofa und der Kelim aus dem 19. Jahrhundert, der als Sesselbezug dient, nichts gemein außer ihren zarten Creme- und Pinktönen, die auch auf der indischen Wolldecke und den marokkanischen Bodenkissen wiederkehren.

Rechts: Diese Ecke hat ein fernöstliches Flair. Im Vordergrund sieht man einen indischen Webstoff aus dem 19. Jahrhundert in kräftigen Pinktönen, der mit Kaurimuscheln dekoriert ist und als Kissenbezug dient, und auf dem Sofa eine ockerfarbene, ebenfalls aus dem 19. Jahrhundert stammende Kissenhülle mit Furcht erregenden wilden Tieren.

Links: Jedes dieser Sofakissen beansprucht Aufmerksamkeit. Der gelbe Bezug aus dem 19. Jahrhundert stammt aus Venedig, der ausgefallene schwarze Bezug mit pinkfarbenen Laternenmotiven ist eine französisch-chinesische Arbeit.

Zierrat

Obwohl man Lampenschirme selten mit Textilien assoziiert, bieten sie ausgezeichnete Möglichkeiten, dekorative Stoffe zur Schau zu stellen. Selbst aus Stoffresten lassen sich kleine Lampenschirme basteln. Ein Stück gewebter Seide oder das verblasste Muster eines Baumwollstoffes entfaltet eine ganz neue Pracht, wenn Licht hindurchscheint.

Rechts oben: Kurzwarengeschäfte, Stoffläden oder Wühltische sind wahre Fundgruben, in denen sich mit etwas Glück solch herrlicher Zierrat aufstöbern lässt.

Rechts Mitte: Die Dekoration von Lampenschirmen darf durchaus Humor verraten.

Oben: Bei Sera Hersham Loftus dienen Hüte nicht als Kopfputz, sondern als Lampenschirme. Dieses Exemplar fertigte sie aus widerspenstigem schwarzem Tüll und üppigen Orchideenblüten.

Oben rechts: Es gibt kaum einen Stoff, der sich nicht als Lampenschmuck eignet, selbst ein winziges Stück Spitze.

Alte Kretonnes und Chintze passen außergewöhnlich gut zu antiken Lampen. Bei der Wahl von Lampenschirmen sollte man modische Strömungen dennoch nicht außer Acht lassen. So kann ein sehr kleiner Schirm, wie man ihn für Kerzenleuchter verwendet, leicht altmodisch wirken.

Um den Lieblingsstoff zu inszenieren, genügt es häufig, ihn über einen vorhandenen Schirm zu drapieren. Kleinere Textilien, etwa ein meisterhaft besticktes Taschentuch – heutzutage leider eher selten – oder ein altes bedrucktes Kopftuch, alte Besätze wie handgefertigte Bordüren oder Fransenborten, lassen sich hingegen gut um den Fuß einer Lampe arrangieren. Das ist allemal besser, als sie in einem Karton verstauben zu lassen.

Doch nicht nur Lampen sind dankbare Objekte für fantasievolle Dekorationen – auch Wandschirme bieten hervorragende gestalterische Möglichkeiten. In der Regel bestanden sie früher aus mehreren Tafeln oder Rahmen, auf die Textilien direkt aufgenagelt wurden – von warmem, dickem Kammgarn bis zu edler, leichter Seide. Bald

Rechts unten: Ein Rest bestickter Seide, ein hübsches Taschentuch oder ein bedruckter Shawl aus den 1950er Jahren muss nicht einmal zugeschnitten werden, um über einen Lampenschirm drapiert zu werden.

Ganz rechts: Edle Seide und die glitzernde Bordüre eines Kleides verwandeln diese Lampe in eine prunkvolle Büste.

Oben: Ein Glockenzug mit Florentiner Stickerei von Nathalie Hambro: Er dient in dem ausgefallenen Badezimmer als Zug für den Lichtschalter.

Rechts: Ein breites indisches Band in Silber und Rot aus dem 19. Jahrhundert. In Verbindung mit dem Schirmständer wirkt es als dekoratives Wandelement besonders hübsch.

schon erkannte man die dekorative Vielseitigkeit solcher Wandschirme, die vor allem die Funktion hatten, vor Zugluft zu schützen, und begann schöne Bildteppiche oder bestickte Tücher darauf zur Schau zu stellen.

In einem modernen Interieur bieten sich hohe sowie halbhohe Wandschirme dazu an, wie Gemälde kahle Wände zu schmücken. Ob Sie dabei sämtliche Felder mit demselben Stoff oder mit unterschiedlichen Textilien bespannen, bleibt Ihrem Geschmack überlassen. Eine sehr effektvolle Wirkung lässt sich erzielen, wenn man einen Stoff als Hintergrund aufspannt und darauf Fragmente mit auffälligeren Mustern geordnet oder durcheinander appliziert.

Wandschirme sind vielseitig einsetzbar: als Hintergrund für Möbel und Objekte,

als Raumteiler oder als Wandgliederungselemente. In einem Schlafzimmer kann ein Wandschirm das fehlende Kopfteil eines Bettes ersetzen oder ein niedriges ergänzen, um so dem Raum mehr Lebendigkeit zu verleihen.

Polstermöbel verziert man bis heute vor allem mit Posamenten, all den herrlichen Borten, Gimpen, Fransen und Troddeln. Im 17. und 18. Jahrhundert fertigten dieselben Frauen, die – ob als Zeitvertreib oder gewerblich – Wolle, Leinen oder Seide mit erlesenen Stickereien versahen, auch meisterhafte Posamenten für Polstermöbel.

Posamenten dienten als üppiger Schmuck von Betten, Sitzmöbeln, Vorhängen und Draperien. Klassische Formen wie dicke, kordelähnliche Gimpen oder fedrige Fransen variierte man mit unterschiedlichen Köpfen, etwa Fächer-, Gitter- oder

Oben: Liebhaber schöner Textilien betrachten ihre Sammlerstücke gerne, und als Betrachter möchte man diesen farbenfrohen Stapel mit Kimonos des frühen 20. Jahrhunderts am liebsten durchstöbern.

Links: Eine edle Verzierung, die sich zur Nachahmung empfiehlt: Das Kissen mit einem Bezug aus altem Toile erhielt eine zarte Gitterborte mit Perlen.

Links: Eine einzigartige Wanddekoration: Der Stammeskopfschmuck aus dem afrikanischen Bamileke besteht aus gefärbten Hühnerfedern und wurde bei hohen Festen getragen.

Unten: Posamenten verhelfen alten wie neuen Textilien zu neuem Glanz: Hier entstand mit Hilfe von Borten, schweren Wollfransen und Quasten ein Schmuckstück von barocker Pracht.

Rechts: Prunkvolle Kleidungsstücke als dekoratives Element in einem Interieur zu verwenden ist auch eine Hommage an die Kunstfertigkeit ihrer Schöpfer.

Ganz unten: Im 19. Jahrhundert waren Fransenborten ein gängiger Schmuck für die Regale in Bibliotheken; an ihnen streifte man den Staub von den Büchern. Hier setzen sie einen interessanten Akzent.

Gotikmotiven. Zusätzliche Verzierungen, wie Quasten, Blumen-, Schleifen-, Stern- und Rosettenornamente, wurden mit Woll- oder Seidengarn oder mit Silber- und Goldfäden aufgenäht.

Den modernen maschinengefertigten Dekorationselementen, so ausgefallen sie auch sein mögen, wird es nie gelingen, den Abwechslungsreichtum und die Eleganz dieser Handarbeiten zu imitieren. Wenn Sie daher das Glück haben, handgefertigten Zierrat ausfindig zu machen, setzen Sie ihn wie ein Kunstwerk in Szene.

Quasten oder Gimpen sind ein reizender Schmuck für Kissenbezüge; Fransen sehen, rings um die Blende eines Sessels oder Sofas angebracht, fantastisch aus. Ein kürzeres Stück Fransenborte reicht vielleicht für die Einfassung eines Kissenbezugs. Ausgefallene Gimpen oder Borten wirken besonders schön auf einem einfarbigen Gewebe. Ob an Lampenschirmen, Regalbrettern, am Kopfteil eines Bettes oder an Jalousien – bei der Dekoration mit Posamenten sind der Fantasie keine Grenzen gesetzt.

Glossar

1

2

3

4

Applikationen Applizieren bedeutet, ein meist dekorativ gemustertes Stück Stoff auf einen anderen Stoff aufzunähen. Die Quilts des 18. und 19. Jahrhunderts waren häufig mit Applikationen aus bedrucktem Chintz verziert, entweder als Bordüre oder als zentrales Motiv.

asasia Edelste, in Westafrika hergestellte Seiden- oder Seidenmischgewebe; das Tragen dieser Stoffe ist der Adelsschicht vorbehalten.

Aschanti Eine Ethnie in Ghana, nach der eine Webtechnik benannt ist, mit der Baumwollstoffe für verschiedene Verwendungszwecke sowie Seidenstoffe für zeremonielle Gewänder von Königen, Häuptlingen und anderen einflussreichen Persönlichkeiten hergestellt werden. Aschanti-Seidengewebe sind auch unter dem Oberbegriff Kente-Gewebe bekannt.

Aubusson Historisches Zentrum der französischen Teppichwirkerei seit dem 15. Jahrhundert. Ludwig XIV. gründete dort 1665 eine königliche Manufaktur, die bis ins 19. Jahrhundert hinein produzierte. Besonders berühmt sind ihre Rokoko-Wandbehänge und -Möbelbezüge.

Ausschnittstickerei Klassische Weißstickerei auf Leinen, bei der die Musterelemente umrandet und dann ausgeschnitten werden. Am bekanntesten ist die Richelieu-Stickerei. Bis zum 16. Jahrhundert wurde die Ausschnittstickerei hauptsächlich in Klöstern gepflegt. In der Elisabethanischen Epoche war sie beliebt für Manschetten, Kragen, Hemden und Hemdkleider. Inzwischen gilt der Terminus für jede Art Stickerei, die Löcher im Stoff aufweist.

Batist Ein feines, leinwandbindiges Gewebe aus Baumwolle oder Leinen.

Berliner Wollstickerei Eine im 19. Jahrhundert beliebte Form der Stickerei, bei der mit farbiger Wolle auf Stramin gearbeitet wurde. Man folgte dabei Stickmustervorlagen auf Karopapier, die zuerst vom Berliner Zeichner und Verleger A. Philipson herausgegeben wurden und Blumen oder Tiere darstellten oder berühmte Gemälde kopierten. Später kamen Seide und Perlen als Stickmaterialien hinzu.

Borstenstickerei Auch Federstickerei. Stickerei der kanadischen und amerikanischen Indianer, die Stachelschweinborsten oder Federkiele auf Birkenrinde und Häuten anbrachten. Die gedämpften und vorgeweichten Borsten wurden mit verdeckten Stichen befestigt.

Borte Ein Posament, das aus einem gewebten Stoffband besteht und als Besatz oder Einfassung von Kleidungsstücken und Einrichtungsgegenständen dient.

Broderie Anglaise Ein Typ von Lochstickerei, der im 19. Jahrhundert in Europa wie in Amerika sehr beliebt war. Dabei werden runde oder ovale Löcher in den Stoff geschnitten und die Lochränder umsäumt. Sehr große Löcher werden durch Querriegel stabilisiert.

Brokat Ein aufwändig gemustertes Gewebe, oft mit erhabenen Segmenten,

9

10

11

12

die ähnlich wie Stickerei wirken. Das Muster wird durch das Einweben zusätzlicher Schussfäden erzielt. Für die erhabenen Teile wurden oft Gold- und Silberfäden verwendet.

Chintz Der Name leitet sich von einem Hindi-Wort ab und bezeichnete ursprünglich bemalte Kalikos, die aus Indien nach Europa importiert wurden. Heute versteht man darunter einen meist glänzenden, bedruckten Baumwollstoff von erstklassiger Qualität mit Blumendessin.

Damast Ein beidseitig verwendbares, ein- oder zweifarbiges Jacquard-Gewebe mit bildhafter Musterung, benannt nach der Stadt Damaskus.

dhurrie Ein gewirkter indischer Teppich, meist aus Baumwolle, der zu den ältesten Bodenbedeckungen überhaupt gehört.

Flachs *(Linum usitatissimum)* Aus dieser Pflanze wird die Faser gewonnen, aus der man Leinen herstellt.

Florentiner Stickerei Diese im Bargello- oder auch Flammenstich gearbeitete Stickerei wird von senkrechten Stichen in unterschiedlichen Längen und Winkeln gebildet, die wie Flammen oder Stufen wirken.

Fransen Eine Posamentierarbeit, die aus einem schmalen Band mit lose herabhängenden oder zu Quasten verarbeiteten Fäden aus Seide oder Baumwolle besteht.

Gaze Extrem dünnes, transparentes Gewebe aus Seide, Leinen oder Baumwolle.

Gimpe Schnur oder Draht, mit Seide umsponnen und als Verzierung dienend.

Gros point Französischer Begriff für Kreuzstich; wurde seit dem 16. Jahrhundert zur Dekoration etwa von Bettvolants oder Polsterbezügen verwendet.

Haik Nordafrikanischer mantelartiger Webumhang aus Seide oder Baumwolle, oft mit handgeknüpftem Fransensaum.

1 Wunderschöne chinesische Seidenstickerei aus dem 18. Jahrhundert.

2 Ausschnitt einer perlenbesetzten Berliner Wollstickerei.

3 Zarte Stickerei des 19. Jahrhunderts aus Fez.

4 Kontraste: Ein bedruckter Stoff aus Gambia neben europäischer Wollstickerei.

5 Detail einer Kameldecke aus Rajasthan – reich bestickt und mit Kaurimuscheln verziert.

6 Verblasster Chintz als freundlicher Kissenbezug.

7 Ein altes, in strahlenden Farben besticktes Seidengewebe dient als Tagesdecke.

8 Das zentrale Medaillon einer meisterhaften alten Spitze.

9 Ein Kissen aus edlem altem Damast vor einem Polsterbezug aus geblümtem Chintz.

10 Ein extravaganter Lampenschirm aus Sera Hersham Loftus' Kollektion.

11 Diese alte Häkelarbeit ziert eine schlichte Bettstatt.

12 Metallclips auf dünnem Draht halten diesen transparenten Vorhang.

13 Schwere Baumwollgewebe mit Streifen und Karos als Polsterstoffe.

14 Mit seinem schlichten Bezug bildet dieser Sessel einen idealen Hintergrund für farbenprächtige Textilien.

15 Diese auf Leinwand gemalte Landschaft ist Teil eines Wandbehanges.

16 Ein prächtiger Querbehang aus besticktem türkischem Samt.

hemdira Gestreifter schwerer Wollüberwurf aus Marokko mit langen Bändern, traditionell als Mantelumhang getragen und stets in dunklen, neutralen Farben gehalten.

hooked rug Teppiche, die im Amerika des 19. Jahrhunderts entwickelt wurden, um Stoffreste zu verwenden. Man zog die Reste mit einem Haken durch Sackleinen, sodass eine Schlingenoberfläche entstand.

ikat Afrikanische Technik, bei der das Garn vor dem Weben durch Reservefärbung seine Muster erhält. Dabei werden die Schussfäden in voller Länge zu kleinen Bündeln abgebunden und gefärbt; dieser Vorgang wird für jede Farbe wiederholt.

indiennes Dekorative Baumwolldrucke aus Indien, die schon im 17. Jahrhundert in Frankreich sehr beliebt waren.

Jacquard Der von Joseph-Marie Jacquard erfundene und auf der Weltausstellung in Paris 1801 vorgestellte Jacquard-Webstuhl vereinfachte die Herstellung von gemusterten Stoffen (Jacquard-Muster) mit Hilfe von Lochkarten erheblich.

Kaliko Ein indischer Baumwollstoff mit gewebtem, gemaltem oder gedrucktem Streifen- oder Karomuster, der seinen Namen von der ostindischen Stadt Kalikut erhielt. Im späten 16. Jahrhundert importierte man diesen Stoff nach Europa. Kaliko nennt man heute jeden preiswerten bedruckten Baumwollstoff.

Kambrik Früher ein feines Leinengewebe, benannt nach der Stadt Cambrai in Flandern. Heute ein filigranes Gewebe aus Leinen, Baumwolle oder beidem.

Kammgarn Feines, glattes, langfaseriges (Woll-)Garn mit gleichmäßiger Oberfläche. Kammgarn nennt man auch Stoffe aus diesem Garn.

Kaschmirshawls Wurden seit dem 15. Jahrhundert im indischen Kaschmir entworfen und gewebt und kamen im ausgehenden 18. Jahrhundert in Europa in Mode. Bald begannen auch britische Manufakturen, unter anderem in Norwich, Edinburgh und Paisley, Kaschmirshawls herzustellen.

Kelim Gewirkter orientalischer Wandbehang oder Teppich ohne Flor mit gleichem Muster auf Vorder- und Rückseite; wurde traditionell auf dem Boden oder über Bänken ausgebreitet und als Sonnenschutz verwendet.

Kente Afrikanischer Webstoff aus Seide und Baumwolle; heute Oberbegriff für gewebte Aschanti-Seidenstoffe.

khadi Schwerer indischer Baumwollstoff mit von Natur aus knitteriger Oberflächenstruktur.

Knüpfteppich Teppich, für den kurze Garnstücke aus Wolle oder Seide um vertikale Kettfäden geschlungen oder geknotet werden, um einen Flor zu erzeugen.

Kretonne Ein einfach gewebter Rippenstoff aus Leinen oder Baumwolle, der früher häufig als Polster- und Vorhangstoff Verwendung fand.

Krüwellarbeit Krüwellgarn ist ein gezwirntes, mehrfädiges Kammgarn. Mit Krüwellstickerei verzierte man im 17. und 18. Jahrhundert oft Bettbehänge und Gardinen, meist stickte man farbig auf weißem Untergrund.

Leinen Aus den Fasern der Flachspflanze gewebter Stoff, der seit dem Mittelalter für Kleidung sowie im Haushalt, etwa für Laken und Tischwäsche, breite Verwendung findet.

Metallstickerei Metallfäden wurden lange Zeit zur Verschönerung von Seidenstickereien verwendet. Dabei befestigte man den Faden zumeist mit Überfangstichen auf dem Stoffgrund.

Moquette Ein Stoff mit einem kurzen, dichten, samtigen Flor, der im 19. Jahrhundert oft für Teppiche und Polsterbezüge verwendet wurde.

Musselin Ein leichtes, weiches Baumwollgewebe in verschiedenen Stärken. Ursprünglich aus dem Orient importiert, wird es seit dem 18. Jahrhundert auch in Europa hergestellt.

Nadelmalerei Jede Art dekorativer Stickarbeit zum Beispiel in Gros point oder im Bargellostich auf Kanevas. Diese Stickerei wurde entwickelt, um die Motive von Tapisserien auf Bezüge für Stuhllehnen, Sitzflächen und Kissen übertragen zu können. Dabei wird Garn aus Seide, Wolle und Baumwolle verwendet.

Opus Anglicanum Besonders kunstvolle englische Seiden-Sticktechnik des späten 13. und des 14. Jahrhunderts; sie erreichte ihre höchste Vollendung in Verbindung mit Goldstickerei.

Paisley Name der schottischen Stadt, in der Ende des 18. und während des 19. Jahrhunderts Stoffe nach den Mustern der indischen Kaschmirshawls gewebt wurden und nach der das charakteristische Paisleymuster benannt ist.

palampores Bemalte indische Baumwollbehänge und Bettüberwürfe, die im 17. Jahrhundert nach Europa importiert wurden, meist mit farbigen Mustern auf weißem Grund. Die seinerzeit sehr beliebten Dessins – oft Variationen des Lebensbaumes oder exotischer Vögel – inspirierten die englischen Stickerinnen. Später wurden *palampores* gerne für Applikationen auf Quilts etc. verwendet.

Patchwork Der Begriff beschreibt eine Technik, bei der einzelne Stoffstücke zu einem Muster zusammengenäht werden. Man appliziert sie entweder auf einen Basisstoff oder näht exakt zugeschnittene Stücke ohne Unterlage zusammen. Letzteres wird auch Mosaik-Patchwork genannt. Verziert werden diese Werke gerne mit Steppnähten oder Stickereien.

Perlenapplikation Das Applizieren von Perlen auf Stoffe. Diese Technik war im 17. Jahrhundert besonders populär, als man von Spiegelrahmen bis zu Bucheinbänden alles mit Perlen verzierte. Ein

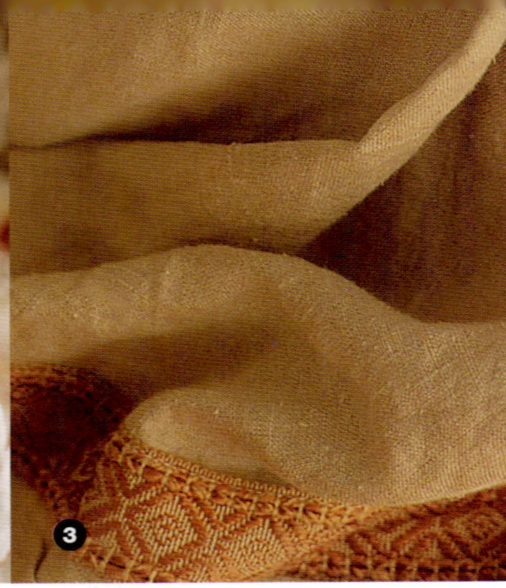

zweites Mal kam sie im 19. Jahrhundert in Mode: für Bezüge von Kissen und Fußschemeln sowie für Fächer. Oft angewandt in Verbindung mit Berliner Wollstickerei.

Petit point Auch halber Kreuzstich genannt. Einer der üblichsten Stiche für Straminarbeiten. Seine Feinheit erlaubt die Wiedergabe einer großen Vielfalt von Motiven und Dessins.

pintado Wie das Wort sagt, ursprünglich die Bezeichnung für »bemalte« Baumwollstoffe aus dem Orient, die von den portugiesischen Entdeckern nach Europa gebracht wurden.

Posamenten Allgemeiner Ausdruck für Verzierungen wie goldene und silberne Spitze, Fransen, Zöpfe, Quasten, Gimpen, perlenbesetzte Borten und Säume. Die frühen, von Hand gearbeiteten Posamenten zeugen von hoher Kunstfertigkeit.

Quilten Das Übereinandernähen von mehreren Stofflagen zur Herstellung von Bettdecken und warmer, leichter Kleidung, wobei Muster in den Stoff gesteppt werden. In England und später auch Nordamerika entwickelte sich das Quilten zu einer eigenen Kunstform; manche Muster erhielten Namen, wie zum Beispiel »Ocean Wave« (Ozeanwelle). Quilts wurden zuweilen mit Stickereien und Applikationen verziert oder auch in Patchworktechnik angefertigt.

Raphia Eine in Madagaskar beheimatete Palmengattung *(Raphia ruffia)*. Die grasartigen Fasern der langen Blätter werden zu so genanntem Raphiabast verarbeitet, der zum Weben von Körben und Hüten dient. Vor dem Weben wird die Faser oftmals gefärbt.

Samt Seiden- oder auch Baumwollgewebe mit außerordentlich dichtem, kurzem Flor mit einer Schlingen- oder aufgeschnittenen Oberfläche. Wurde zuerst im Orient hergestellt, im Mittelalter in Europa eingeführt und wird seit dieser Zeit mit besonders luxuriösen Kleidern und Dekorationen in Verbindung gebracht.

Satin Ein erlesenes Seidengewebe mit hochglänzender Ober- und stumpfer Unterseite; die Bezeichnung wird heute auch für andere, ähnlich glänzende Textilien benutzt.

Spitze Zartes, durchbrochenes Gewebe, das mit Hilfe unterschiedlicher Techniken hergestellt wird. Am bekanntesten sind Klöppel- und Nähspitze, deren Entstehung auf Ende des 15. bzw. Anfang des 16. Jahrhunderts datiert wird.

Stickmustertuch Ursprünglich ein schmaler Stoffstreifen, meist Leinen, auf den diverse Muster und Stiche, gestickte Borten und gewöhnlich die Buchstaben des Alphabets gestickt wurden. Mustertücher dienten sowohl zur Demonstration von Kunstfertigkeit als auch zur Inspiration.

Taft Ein knisternder, steifer Stoff aus Seide, Halbseide oder Chemiefasern.

Tambourier-Stickerei Hierfür wird mit einem Haken auf einem Tambourier-Rahmen gearbeitet. Dieser ist rund und

5

6

7

8

besteht, ähnlich wie eine Trommel, aus zwei ineinander liegenden Rahmen, zwischen die der Stoff gespannt wird.

Toiles de Jouy Ursprünglich die einfarbig mit Szenendarstellungen bedruckten Baumwollstoffe aus Christophe-Philippe Oberkampfs Tuchfabrik in Jouy-en-Josas bei Paris (ab 1760). Inzwischen werden alle Szenendarstellungen in dieser Technik Toiles de Jouy genannt.

Türkische Arbeit Ab dem 16. Jahrhundert eine erschwingliche Alternative zu echten Knüpfteppichen. Bei der Türkischen Arbeit wird mit Stickstichen Flor imitiert; hauptsächlich verwendete man sie für Kniekissen, Stuhl- und Kissenbezüge, aber auch für Tischteppiche. Sie war sehr beliebt bei den ersten weißen Siedlern Nordamerikas.

Verdure Wandteppich, der Landschaften, vorwiegend Waldlandschaften, zeigt. Die dominierende Farbe ist grün.

Wandteppich Auch Tapisserie. Ein gewebter Wandbehang mit meist bildhaften Motiven historischen, militärischen oder mythologischen Ursprungs. Das Muster entsteht durch die farbigen Schussfäden. Im Mittelalter war ein Wandteppich sowohl Prestigeobjekt als auch Gebrauchsgegenstand. Die Qualität einer Arbeit wurde nach der Anzahl der Schussfäden pro Zentimeter beurteilt.

Weißstickerei Sammelbegriff für alle Arten der Stickerei, bei denen mit weißem Faden auf weißem Untergrund gearbeitet wird, einschließlich Ausschnitt-, Durchbruch- und Hohlsaumstickerei. Im Mittelalter war die Verwendung von farbigen und kostbaren Fäden zeitweise verboten; so konzentrierten sich die Stickerinnen auf filigrane, außerordentlich akkurate Arbeiten in Weiß.

Wirkteppich Auch Webteppich. Wirkteppiche sind flach, weil sie keinen Flor besitzen. In eine feste Kette werden – häufig farbige – Schussfäden eingewebt.

1 Ein farbenprächtiger gestickter chinesischer Drache aus dem 18. Jahrhundert.

2 Die freundliche Krüwellstickerei dient als Überwurf für einen Sessel.

3 Schlichte Textilien gewinnen durch kunstvolle Borten.

4 Der Kissenbezug besteht aus Bändern, die zum Umwickeln von Zigarren benutzt wurden.

5 Hübsche Beispiele amerikanischer Patchworkkunst.

6 Ausschnitt eines von Indianern gefertigten Quilts mit »Seven-Sisters«-Motiv.

7 Diese alte französische Stickerei ist so fein, dass sie wie gewirkt erscheint.

8 Das rot-weiße Rechteck ist der Rest eines Webstoffes aus dem 19. Jahrhundert.

9 Vorhänge aus verblasstem Chintz.

10 Nathalie Hambro band diese Bücher mit Stoff- und Tapetenresten ein.

11 Die Fransenborte dieser üppigen alten Seidenvorhänge wurde nach vorne umgeschlagen.

12 Der prächtige orientalische Webstoff ist als Wandbehang ein Blickfang.

13 Französischer Damast in Kombination mit gestreiften Kissen.

14 Ein Polsterstoff aus schwerem Wollgewebe mit passender Borte.

15 Ein Ensemble kontrastierender Kissenbezüge aus Schaffell und schlichtem Leinen.

16 Eine pompöse Quaste an der Vorhangkordel setzt einen starken Akzent.

13

14

15

16

Bezugsadressen

Sortiert nach Postleitzahlen

Hersteller und Geschäfte

für ausgefallene und alte Textilien

Deutschland

Biancheria
Schlüterstraße 37
10269 Berlin
Tel. (0 30) 8 82 37 27
Alte Stoffe, Handstickereien

Out of India
Weimarer Straße 31
10625 Berlin
Tel. (0 30) 3 12 50 04
Indische Seidensaris, Dekostoffe, Tagesdecken, Kissen

Lammfromm & Vogel
Hohenzollerndamm 12
10717 Berlin
Tel. (0 30) 86 09 30-0
Stilstoffe, Sonderanfertigungen nach alten Vorbildern auf historischen Webstühlen

KaDeWe
Tauentzienstraße 21–24
10789 Berlin
Tel. (0 30) 21 21-0
Stil- u. andere Dekostoffe, Überwürfe, Decken, Quilts, Tisch- u. Bettwäsche

Emil Rotter
Ahornallee 9
14050 Berlin
Tel. (0 30) 3 02 51 51
Stilstoffe, Rosshaargewebe, Mohairvelours, Handdrucke, Nachweben alter Mustervorlagen

Peter Interiodesign
Isestraße 84
20149 Hamburg
Tel. u. Fax (0 40) 48 25 09
Stoffe des 18. u. 19. Jh.s, handgesponnenes u. -gewebtes Leinen

Vossberg
Textilgalerie für alte und neue Stoffe
Isestraße 87
20149 Hamburg
Tel. (0 40) 48 15 86
Stoffe aus Indien (auch eigene Entwürfe)

Stoffkontor Jenny Brodersen
Große Bleichen 31
20354 Hamburg
Tel. (0 40) 3 48 06 06
Bett- u. Tischwäsche aus naturbelassenen Stoffen

Ostasiatischer Seiden-Import
Lieselotte Roloff
Sperberhorst 9
22459 Hamburg
Tel. (0 40) 5 51 37 15
Seidenstoffe aus Asien, Kaschmirgewebe

Die Beduinen
Nobistor 40
22767 Hamburg
Tel. (0 40) 3 19 34 57
Handwebstoffe aus Ägypten, Teppiche u.a.

Leinen und Blaudruck
Henriette Dietrich
Hüxstraße 19
23552 Lübeck
Tel. (04 51) 7 98 26 15
Altes Leinen, Blaudruck mit alten Modeln, Tisch- u. Bettwäsche

Hans G. Bock Inneneinrichtungen
Friesenstraße 15–19
30161 Hannover
Tel. (05 11) 3 40 20-0
Dekostoffe u.a.

Schäfer Inneneinrichtung
Kölner Straße 286
40227 Düsseldorf
Tel. (02 11) 77 55 22
Ausgefallene Dekostoffe u.a.

Lelievre GmbH
Prinz-Georg-Straße 126
40479 Düsseldorf
Tel. (02 11) 36 90 68
Alte Stoffe, Seidenstoffe, Lampas, Damast

exclusiv wohnen gmbh
Neumarkt 23
50667 Köln
Tel. (02 21) 21 02 41
Stoffe aus aller Welt u.a.

Auktionshaus
Rippon Boswell & Co.
Friedrichstraße 45
65185 Wiesbaden
Tel. (06 11) 33 44 30
Alte Teppiche u. andere Textilien

Textiles Wohnen Fischer
Hauptstraße 56
66999 Hinterweidenthal
Tel. (0 63 96) 3 23
Stil-, Jacquard- u. Kaschmirstoffe

Samt & Sonders
Esslingerstraße 14
70182 Stuttgart
Tel. (07 11) 23 34 16
Alte Textilien aus Asien u. dem Mittleren Osten, Seidenstoffe, naturbelassene Stoffe

Tapisserie
Martin-Luther-Straße 17
76829 Landau
Tel. (0 63 41) 8 71 02
Stilstoffe, Posamenten, Teppiche u.a.

Radspieler
Hackenstraße 7
80331 München
Tel. (0 89) 2 35 09 80
Ausgefallene u. alte Stoffe, Plaids

KOKON GmbH
Haus für Wohnen und Dekoration
Palais am Lenbachplatz 3
80333 München
Tel. (0 89) 55 25 14-0
Wohntextilien u.a.

Bonacker München
Stil-Stoff-Tempel
Reichenbachstraße 17
80469 München
Tel. (0 89) 26 32 16
Stilstoffe, Stoffraritäten

Silkroad
Pestalozzistraße 34
80469 München
Tel. (0 89) 65 10 20 19
Indische Saris, Wandbehänge, Überwürfe, Maßanfertigung

Sarong
indonesian textiles
Kurfürstenstraße 20
80801 München
Tel. (0 89) 34 21 07
Alte Stoffe aus Indonesien, Sarongs, Webstoffe

Eva und Peter Ziegler
Textile Antiquitäten in Museumsqualität
Hauptstraße 21
83093 Hemhof / Chiemgau
Tel. (0 80 53) 22 70
Alte amerikanische Quilts, alte Kaschmir- u. Paisley-Shawls aus Indien u. Europa

Indigo
Würzburger Straße 16
97854 Steinfeld
Tel. u. Fax (0 93 59) 10 42
Traditionelle westafrikanische Textilien

Frankreich

La Boutique des Jardins
Boulevard Mirabeau
13210 St. Remy de Provence
Tel. (04) 90 92 11 01
Textilien von Agathe Gérin u.a.

Simone and Rejis Dumont
10 Cour Cancadis
34410 Sauvian
Altes Leinen

Caravane
6 rue Pavée
75004 Paris
Tel. (01) 44 61 04-20 / 22
Asiatische Textilien u.a.

Galerie Blondeel et Deroyan
11 rue Lille
75007 Paris
Tel. (01) 49 27 96 22
Alte Wandteppiche aus Europa u.a.

Catherine et Michel Biehn
Espace Bechard
1 Avenue Jean Charmasson
84800 L'Isle sur la Sorgue

Christine et Denis Nossereau
7 Avenue Quatre Otages
84800 L'Isle sur la Sorgue
Tel. (04) 90 38 25 86
Antiquitäten

Linum France
Avenue Louis Boudin
84800 L'Isle sur la Sorgue
Tel. (04) 90 38 37 38
Polster- u. Vorhangstoffe u.a.

Großbritannien

Canal
42 Cross Street
London N1 2BA
Tel. (0 20) 77 04 02 22
Textilien aus Indien u. der Türkei

Linda Gumb
9 Camden Passage
London N1 8EA
Tel. (0 20) 73 54 11 84
Stoffe des 17. u. 18. Jh.s

The Modern Saree Centre
26–28 Brick Lane
London E1 6RF
Tel. (0 20) 72 47 40 40
Große Auswahl an Saris

Joss Graham Oriental Textiles
10 Eccelston Street
London SW1W 9LT
Tel. (0 20) 7 30 43 70
Textilien aus Afrika u. Zentralasien, Kelims, Sattel- u. Vorratstaschen

Chelsea Textiles
7 Walton Street
London SW3 2JD
Tel. (0 20) 75 84 01 11
Spitzen, Stickereien, Krüwellstickereien

Judy Greenwood Antiques
657 Fulham Road
London SW6 5PY
Tel. (0 20) 77 36 60 37
Stoffe aus Frankreich, englische Quilts

Minh Mang
182 Battersea Park Road
London SW11 4ND
Tel. (0 20) 74 98 32 33
Seidenstoffe u. Stickereien aus Vietnam u. Kambodscha

Peter Adler
191 Sussex Gardens
London W2 2RH
Tel. (0 20) 72 62 17 75
(nur nach Vereinbarung)
Stoffe aus Afrika u. Ozeanien

Carden & Cunietti
83 Westbourne Park Road
London W2 5QH
Tel. (0 20) 72 29 85 59
Moderne Stoffe

Dyala Salam Antiques
174a Kensington Church Street
London W8 4DP
Tel. (0 20) 72 29 40 45
Stoffe aus der Türkei, Marokko, Syrien, Zentralasien

Warris Vianni
85 Golborne Road
London W10 5NL
Tel. (0 20) 89 64 00 69
Stoffe aus Indien u. Thailand

Graham and Green
4 Elgin Crescent
London W11 2JA
Tel. (0 20) 77 27 45 94
Krüwellstickereien

Cath Kidston
8 Clarendon Cross
London W11 4AP
Tel. (0 20) 72 21 40 00
Alte englische u. walisische Decken u. Quilts

Jen Jones
Pontbrendu, Llanbydder
Ceredigion
Wales SA40 9UJ
Tel. (0 15 70) 48 06 10
Alte Quilts, Decken, Leinen- u. Baumwolllaken

Österreich

Joh. Backhausen & Söhne GmbH
Wohntextilien
Kärntner Strasse 33
1010 Wien
Tel. (01) 5 14 04-0
Stilstoffe, Reproduktionen alter Stoffe u.a.

India
Strobelgasse 2
1010 Wien
Tel. (01) 5 12 51 96-0
Seidenstoffe aus Frankreich, Italien, Indien, Thailand, Maßanfertigung u.a.

Zur Schwäbischen Jungfrau
Graben 26
1010 Wien
Tel. (01) 5 35 53 56
Seiden- u. Handwebstoffe, Tisch- u. Bettwäsche, Plaids, Überwürfe u.a.

Staltner & Fürlinger
Singerstrasse 8
1010 Wien
Tel. (01) 5 13 55 67
Stilstoffe, Posamenten, Reproduktion nach alten Vorlagen, Sonderanfertigungen u.a.

AMBA
Josefstädterstrasse 16
1080 Wien
Tel. (01) 4 06 09 13
Alte u. moderne indische Stoffe, Saris, Banjara-Stickereien, Bordüren, Überwürfe, Wandbehänge u.a.

Blaudruckerei KOÒ
Neugasse 14
7453 Steinberg-Dörfl
Tel. (0 26 12) 84 71
Blaudruck mit alten Modeln, Baumwoll- u. Seidenstoffe, Tischwäsche, Vorhänge

Schweiz

Studer Innendekoration
Theaterstrasse 3
6003 Luzern
Tel. (0 41) 2 10 24 30
Stilstoffe u.a.

van Lynden Associates
Schwanengasse 2 u. Münsterhof 14
8001 Zürich
Tel. (01) 2 21 10 18
Exklusive Stoffe, Quilts, Posamenten, Tapeten, Sonderanfertigungen u.a.

Spörri Interieur
Talacker 16
8022 Zürich
Tel. (01) 2 11 62 30
Stilstoffe

Rutishauser Antiquitäten und Raumgestaltung
Hauptstrasse 100–104
8280 Kreuzlingen
Tel. (0 71) 6 72 19 72
Alte Seidenstoffe, Stil-, Velours-, Jacquard- u. Handdruckstoffe u.a.

CASABELLA
Alte Landstrasse 25
8810 Horgen
Tel. (01) 7 26 01 21
Edle Natur- u. Brokatstoffe, Handwebstoffe aus Marokko, bedrucktes Leder, Kaschmir- u. Wolldecken, Maßanfertigungen

Vereinigte Staaten

Marla Mallett: Textiles
1690 Johnson Road NE
Atlanta
GA 30306
Tel. (04 04) 8 72 33 56
Stickereien, ikats, *Batiken, Orientteppiche, Textilien aus Bolivien u. Peru*

Michael Fitzsimmons Decorative Arts
311 W. Superior Street
Chicago
Illinois 60610
Tel. (03 12) 7 87 04 96
Arts-and-Crafts-Textilien

Common Ground Inc.
113 West 10th Street
New York
Tel. (02 12) 9 89 41 78
Indianische Webstoffe u. andere Textilien

Vito Giallo
222 East 83rd Street
New York
NY 10028
Tel. (02 12) 2 88 46 72
(nur nach Vereinbarung)
Alte Shawls

Conlon Siegal Galleries
702 1/2 Canyon Road
Gypsy Alley
Santa Fe
New Mexico 87501
Tel. (05 05) 8 20 77 44
Textilien aus Afrika, Indonesien, Südamerika

Designer und Innenarchitekten

Mahmoudieh Design
Kurfürstendamm 37
D-10719 Berlin
Tel. (0 30) 88 71 79-0

Studio Jan Wichers
Ulmenstraße 21
D-22299 Hamburg
Tel. (0 40) 41 32 87-0

Lohmüller raum design
Tumringer Straße 286
D-79539 Lörrach
Tel. (0 76 21) 9 38 11-0

Atelier Pilati
Amiraplatz 3
D-80333 München
Tel. (0 89) 23 50 84-0

Homeira Pour Heidari Interior Design
Lucile-Grahn-Straße 38
D-81675 München
Fax (0 89) 41 92 94 07

Olivier Gagnère & Associés
47 boulevard Saint-Jacques
F-75014 Paris
Tel. (01) 45 80 79 67

Anna Bonde
Bel-Air Bastides
F-84220 Goult
Tel. (04) 90 72 38 44

Nathalie Hambro
GB-London
Tel. (0 20) 78 34 10 21

Sera Hersham Loftus
GB-London
Tel. (0 20) 72 86 59 48

Christophe Gollut
116 Fulham Road
GB-London SW3 6HU
Tel. (0 20) 73 70 40 21

Baldassare La Rizza
21 Collingham Place
GB-London SW5 0QF
Tel. (0 20) 73 73 36 60

François Gilles
Unit 28C1, Thames House
140 Battersea Park Road
GB-London SW11 4NY
Tel. (0 20) 76 22 30 09

Abraham and Thakore Limited
D351 Defence Colony
IND-New Delhi 110024
Tel. (0 11) 6 99 37 14

Lynn von Kersting
Indigo Seas
123 North Robertson Boulevard
Los Angeles
USA-CA 90048
Tel. (03 10) 5 50 87 58

Michael Trapp
7 River Road
Box 67
West Cornwall
USA-CT 06796
Tel. (08 60) 6 72 60 98

Jacqueline Coumans
Le Décor Français
1006 Lexington Avenue
New York
USA-NY 10021
Tel. (02 12) 7 34 00 32

Mariette Gomez
504/506 East 74th Street
New York
USA-NY 10021
Tel. (02 12) 2 88 68 56

Drysdale Inc.
1733 Connecticut
Avenue North West
USA-Washington DC 20009
Tel. (02 02) 5 88 07 00

Register

Kursive Zahlen verweisen auf Bildlegenden.

Bildnachweis

Der Dank der Autorin und des Herausgebers gilt folgenden Personen, die unserem Fotografen ihre Türen öffneten: David Abraham; Peter Adler; Laurence Ambrose; Anna Bonde; Jacqueline Coumans; Eleanora Cunietti; Mary Drysdale; Francesca Findlater; Olivier Gagnère; Agathe Gérin; Vito Giallo; Christophe Gollut; Mariette Gomez; Nigel Greenwood; Linda Gumb; Nathalie Hambro; Lynn von Kersting; Bob und Pam Levin; Sera Hersham Loftus; Baldassare La Rizza; Anna Strasberg; Rakesh Thakore; Michael Trapp.

Die Designerinnen bzw. Designer und die von ihnen gestalteten Räume:

Abraham & Thakore: 4–5, 8–9, 58, 125, 134 r, 139 lo, 143, 152–153, 169 m.
Peter Adlers Haus in London: 78–79, 168.
Laurence Ambroses Haus in der Provence: 44–45, 124 ru, 149, 170 lo.
Anna Bondes Haus in der Provence: 13 m und r, 14–15, 24–27, 40 l und m, 50–51, 62, 66, 70, 108 r, 146, 167 u.
Jacqueline Coumans' Wohnung in New York (mit Textilien von Le Décor Français): 93 l, 97, 98 u, 106 u l, 132.
Das Londoner Haus von Eleanora Cunietti von Carden & Cunietti (mit Stoffen von Kirsten Hecktermann): 59, 105, 109, 170 ro; 104 Stoffe aus Indien.
Mary Drysdales Haus in Pennsylvania: 12 r, 20–23, 64–65, 112 o, 114 m, 115 m, 140–141, 156–157.
Francesca Findlaters Haus in London (mit Stoffen von Minh Mang): 36 l, 52–53, 56 u.
Olivier Gagnères Wohnung in Paris: 82 l, 110–111, 113, 128–129, 138 r, 160 o.
Agathe Gérins Wohnung in Neu Delhi: 36 r, 38–39, 60–61, 71, 114 l, 116–117, 120–121, 124 ro, 164 o und m, 173 lu und r.
Vito Giallos Wohnung in New York: 68, 80 ro und ru, 134 l, 136, 137 l.
Christophe Golluts Haus auf Gran Canaria: 11, 12 l und m, 16–19, 37 r, 56 o, 63, 67, 82 ro, 84 lo, 86 r, 87 r, 89, 94, 98 o, 99 o, 100–101, 114 r, 135, 144–145, 147, 150 o, 151, 153 o, 154 r, 160 u, 160–161, 166 r.
Mariette Gomez' Wohnung: 148, 150 u, 164–165, 175 u.
Nigel Greenwoods Wohnung in London: 6, 74, 82 ru, 115 r, 118–119, 124 l, 167 lu, 173 lo.
Linda Gumbs Haus in London: 84–85, 106 ru, 108 l, 116 r.
Nathalie Hambros Wohnung in London: 10, 13 l, 28–31, 77 m, 137 m und r, 167 o, 174, 175 o.
Sera Hersham Loftus' Haus in London: 1–3, 33–35, 41–43, 46, 48–49, 50–51, 80 l, 139 ro, 162 lo, 172.
Lynn von Kersting: 37 l und m, 40 r, 43, 56–57, 69, 72–73, 75, 77 r, 81, 83, 85, 86 l, 90–91, 95, 96, 100, 102–103, 104 lo und lu, 107, 110 l und r, 115 l, 123 lo, 138 l, 139 u, 150 ro, 153 u, 154 l, 155, 158–159, 162 ro und u, 164 u, 169 l und r, 170–171, 173 lm, 178–179.
Baldassare La Rizzas Wohnung in London: 36 m, 106 o, 112 u, 133, 163.
Michael Trapps Haus in Connecticut: 7, 47, 88, 92, 93 r, 122, 123 ro und u, 126–127, 130–131, 142.

Danksagung

Eine der besonderen Freuden des Schreibens ist es, dass man dabei sein eigenes Wissen erweitern kann, wie die Arbeit an diesem Buch wieder einmal bewies. Die Schönheit von alten wie neuen Textilien fasziniert mich schon seit langem, doch erst als ich mich eingehender mit dem Thema befasste, wurde mir ihre inspirierende Wirkung bewusst, das Können und die zahlreichen Gedanken, die sich in jedem Stückchen Stickerei, Weberei oder bedruckten Stoffes verbergen. Mit jedem Objekt, das wir fotografieren wollten, beschäftigte ich mich lange, und immer wieder war ich hingerissen von den kunstvollen Mustern und den herrlichen Farben.

Natürlich konnte das Buch nur durch die großartige Zusammenarbeit des gesamten Teams gelingen. Jacqui Small und Judy Spours, die fast immer die Ruhe bewahrten, kann ich gar nicht genug danken, ebenso Andrew Wood, der alles in Szene setzte, Nadine Bazar, die uns daran hinderte abzuschweifen, und Maggie Town, die das Buch so wundervoll gestaltet hat.

Außerdem möchte ich von ganzem Herzen den Designern, Innenarchitekten und all den talentierten Menschen danken, die uns die einfallsreichen Geniestreiche fotografieren ließen, die ihre Textiliensammlungen in ein Fest für das Auge verwandeln.